JN440023

인문학 이야기가 있는

책 타는 마을

스토리텔링 펜션 해품달

책은 읽는 것이 아니라 타는 것

인문학 이야기가 있는 책 타는 마을

스토리텔링 펜션 해품달

초판 1쇄 인쇄 | 2021년 06월 30일
지은이 | 주인석
펴낸이 | 이재욱(필명:이승훈)
펴낸곳 | 해드림출판사
주 소 | 서울 영등포구 경인로82길 3-4(문래동1가 39)
센터플러스빌딩 1004호(07371)
전 화 | 02-2612-5552
팩 스 | 02-2688-5568
E-mail | jlee5059@hanmail.net

등록번호 제2013-000076
등록일자 2008년 9월 29일

ISBN 979-11-5634-462-9

스토리텔링 펜션

해품달

인문학 이야기가 있는

책 타는 마을

주인석

해드림출판사

작가 주인석

문예창작과 석사 졸업을 하였고 신춘문예로 데뷔하여 현재 스토리텔링 작가로 활동하고 있다. 전국 200여 곳의 현장 스토리텔링 경험을 바탕으로 학교, 도서관, 공공기관, 기업체 등에서 인문학, 스토리텔링과 글쓰기 강의를 하고 있다.

낙후된 어촌 마을을 '장어마을'로 거듭나게 만든 울산의 '강동 사랑길' 스토리텔링은 전국 최초 스토리텔링 책자가 발행된 곳이고, 하수처리장을 관광과 교육의 장으로 만들고 인형극까지 연계한 영주의 '데굴데굴 물꼬마' 스토리텔링은 전국 최초의 하수처리 스토리텔링을 한 곳이다. '감포 깍지길' 스토리텔링은 전국 매니페스토 대회에서 최우수상을 받은 곳이다. 그 외 많은 곳이 스토리텔링으로 변화되었지만, 특히 이번에 작업한 인문학 펜션 스토리텔링은 전국 최초이므로 의미가 깊다.

저서로는 스토리텔링 이론서 『스토리텔링 작법과 실무』 관광 스토리텔링으로는 『강동 사랑길』 『감포 깍지길』 『간절곶 소망길』이 있고, 기획 저서는 『울산 어울길』이 있으며, 하수처리장 스토리텔링으로는 『데굴데굴 물꼬마』가 있다. 수필집 『낀』이 있고, 마을 스토리텔링에는 여우 이야기 「여희 설화」, 오봉 십장생 이야기 「돗밤실 둘레길」, 약초 이야기 「장수 힐링 하우스」, 오동나무 이야기 「오동 마을」이 있다. 현장 경험에서는 최고와 최초라는 이름이 아깝지 않은 경험이 풍부한 스토리텔링 작가이다.

0 야외미술관 : 뜨락
1 해 뜨는 집 : 팬션 구역
1-1 흥부와 놀부방
1-2 알라딘방, 피노키오방, 앨리스방
신데렐라방, 하이디방
1-3 멋진 어느날 카페 & 식당
1-4 명림정, 해그네
1-5 수영장, 족욕장
2 책 타는 마을 : 초승달 구역
2-1 읽지마 책방 & 달품 체험장
2-2 호두막
2-3 작가의 방
2-4 어린 왕자 버스
2-5 빨강머리 앤 버스
2-6 신기한 토끼 버스
2-7 사랑막, 원두막, 꼬마막
2-8 초승달 연못
3 달빛 놀이공원 : 반달 구역
3-1 반달 지신밟기
3-2 행복나무, 사랑의자
4 달빛정원 : 보름달 구역
4-1 바비큐장
4-2 큰 돔 솥달, 작은 돔 토끼집, 미니정원
4-3 잔디밭
5 썸 타는 강둑 : 강변 구역
5-1 풍경 그네
5-2 무지개 계단
5-3 야외 공연장, 피아노
5-4 은하수 계단
5-5 뗏목
6 별자리 숲속 캠핑장 : 소나무숲 구역
6-1 스틸 미술관 · 연민
7 주차장 구역
7-1 주차장A
7-2 주차장B

prologue

프롤로그

지난 1년간 낮에는 대상을 찾고, 밤에는 궁리를 한 것 같습니다. 하지 않아도 될 일을 벌인 것 같아서 후회한 날도 있었습니다. 그럴 때마다 관계 맺는다는 것은 책임져야 한다는 말과 동의어라는 것을 가슴에 되새겼습니다. 잘 견딘 것 같아서 고맙습니다.

'해품달'이라는 말이 처음에는 어찌나 촌스럽던지요. 인기 드라마 제목이라서 그랬을지 모릅니다. 해를 품은 달이 어쨌다는 걸까요? 이 펜션과 연관성이 뭘까요? 예쁜 이름이라서 아무런 의미도 없지만 사용한 것 같습니다. 아마도 그런 곳이 많을 겁니다. 정체성을 잃고 껍데기만으로 살아가는 어떤 자아의 모습이 겹쳐 보입니다. 풀 한 포기도 이 세상에 태어난 이유가 있기에 이름마다 의미 있는 이야기가 있습니다. 이런 시각으로 대상을 바라보며 스토리텔링을 한 지 13년이 되었습니다.

해품달을 해부한 지 1년 만에 들어낼 것은 들어내고, 봉합할 것은 봉합하여 '책 타는 마을, 해품달'로 재탄생시켰습니다. 해를 품은 달의 이미지가 연상되도록 전체 구간을 해와 달로 나누어 책이라는 오브제를 사용하여 기획하고 주인장 부부를 형상화시켰습니다. 이야기가 있는 인문학 펜션 스토리텔링은 우리나라에 최초가 될 것입니다. 펜션이 먹고 마시고 놀고 자는 곳이라는 고정관념에서 벗어나 인문학적으로 한 걸음 내

디뎠습니다.

이제 펜션은 문학과 예술의 한 공간으로서 역할을 할 것이고, 놀이와 쉼의 치유공간은 자연스럽게 따라오는 덤입니다. 해품달에서 그 일을 해내기 위해 1년이란 시간 동안 희로애락애오욕(喜怒哀樂 愛惡慾)을 모두 경험했습니다. 작업 중에 그만두고 싶은 순간도 많았습니다. 제가 이러하다면 주인장 부부는 저보다 더 했겠지요. 주인장이 저를 내쫓을 수 없듯이 저도 약속을 어길 수 없었던 것은 어린 왕자의 말처럼 서로 길들인 것에 대한 책임이었던 것 같습니다. 서로를 길들인 1년이 지났고 어쩌다 보니 다 끝났습니다. 이제 펼칠 시간이고 즐길 시간이며 행복을 누릴 시간만 남았습니다.

'이제는 하고 싶은 일을 마음껏 할 나이'라는 신명섭, 이미숙 대표님의 생각과 제 생각이 통했기 때문에 우리는 누가 뭐라 해도 미친 듯이 인문학 펜션 스토리텔링에 열정을 쏟아부은 것입니다. 모든 작업을 마치고 나니 기분이 참 좋습니다. 넓고 좋은 정원을 펜션 안에 여러 개나 가져서 참 부럽다고 말했더니 그들은 이렇게 말합니다.

"선생님은 책이라는 큰 정원을 저희보다 더 많이 갖고 계시잖아요."

이렇게 재치 있는 출간 축하의 말이 또 있을까요. 그들의 말처럼 저는 이번에 8번째 정원을 갖게 되었습니다. 이런 행운을 준 신명섭 · 이미숙 대표님께 고맙다는 말씀 전합니다. 강릉 스토리텔링의 초석을 마련해 주신 가톨릭관동대 유승동 교수님, 마실와 대표 김남희 님께도 감사드립니다. 감사할 분이 너무 많지만, 가슴에만 담고 글을 마무리하게 되어서 책이 나올 때마다 저는 빚쟁이입니다. 평생 빚 갚는 마음으로 좋은 글쓰기에 매진하겠습니다.

하고 싶은 일을 하도록 저를 끝까지 일으켜 세워 주었던 한 문장을 되씹으며 펜션 스토리텔링을 갈무리합니다.

'그대 서 있는 곳을 깊이 파라.'

2021년 봄날 스토리텔링 작가 주인석

content

목차

2부
펜션 스토리텔링 속 사람들 | 169

3부
펜션 스토리텔링 작업 과정 | 193

1부

책 타는 마을, 해품달 스토리텔링 즐기기

책 타는 마을 · 해품달 스토리텔링 즐기기

'해품달'은, 해를 품은 달이라는 뜻인데 남편 신명섭 님이 아내 이미숙 님에 대한 사랑을 해와 달로 형상화한 것입니다. 해님 달님의 오누이처럼 서로 품어주며 정답게 살겠다는 약속의 의미입니다. 아울러 펜션을 찾는 손님들도 가족처럼 따뜻

하게 품어주겠다는 마음을 담아 지은 이름입니다.

따라서 해품달 펜션의 스토리텔링 기획은 '해를 품은 달의 이미지'를 살리는 것에 중점을 두었습니다. '해품달'이라는 이름 널리 알려졌기 때문에 새로운 이름을 짓기보다는 기존 그대로 사용하면서 전체 스토리텔링을 기획하게 되었습니다.

제목은 첫인상이므로 해품달을 시각화하는 것이 첫 번째 작업이었습니다. 그래서 펜션을 둘러보며 해와 달의 이미지 찾기를 했습니다. 해는 펜션, 그것을 운영하는 아내, 달은 펜션을 감싸고 있는 야외 공간, 그것을 관리하는 남편으로 이미지를 잡으니 전체적으로 해품달의 모습이 희미하게나마 잡혔습니다. 좀 더 세부적으로 들어가 보겠습니다.

해품달 펜션의 구성은 크게 '해'를 상징하는 펜션 구역과 '달'을 상징하는 세 개의 야외 구역이 있습니다. 초승달 구역은 '책 타는 마을', 반달 구역은 '달빛 놀이터', 보름달 구역은 '달빛 정원'입니다. 초승달에서 반달 그리고 보름달로 성장한 달(야외정원)이 펜션(해)을 품고 있는 형상입니다.

그 외, 입구에는 주인장 부부가 직접 만든 야외미술관 '뜨락'이 있고, 강변에는 펜션을 찾는 선남선녀와 아름다운 사람들이 '썸을 타는 강둑'이 있으며 강둑 끄트머리에는 피톤치드 왕성한 솔숲에 '별자리 캠핑장'과 설치 미술관 '연민'이 있습니다.

관람과 체험 순서도 해를 품은 달을 따라 달이 크는 순서대로 가면 됩니다. 야외미술관 '뜨락' – 읽지마 책방, 달품 체험장 - 해 뜨는 펜션 - 책 타는 마을 – 달빛 놀이터 – 달빛 정원

- 썸 타는 강둑 – 강변 물놀이장 - 별자리 캠핑장 설치 미술관 '연민'까지 다양한 콘텐츠와 스토리가 준비되어 있습니다.

각 구역마다 주제를 알고 관람을 하시면 그 의미가 더욱 짙어질 것입니다.

펜션의 주제는 **'품다'**

책 타는 마을 주제는 **'타다'**

야외 정원의 주제는 **'놀다'**

야외 정원의 작은 주제는 다음과 같습니다.

초승달 구역에서는 **'초심'**

반달 구역에서는 **'성장'**

보름달 구역에서는 **'만족'**

뜨락 미술관은 **'거리'**

설치 미술관은 **'연민'**

지금부터는 해품달 펜션 스토리텔링을 소개해 드리겠습니다.

야외미술관 · 뜨락

해품달 펜션의 입구로 들어서면 설치 미술 작품이 전시되어 있습니다. 이곳에 있는 모든 작품은 주인장 부부의 마음이 오롯이 담겨있기 때문에 해품달 펜션을 한눈에 읽을 수 있는 곳입니다. 모두 10여 가지 작품이 있고 그들의 손에서 창작된

작품들입니다.

손님을 좀 더 반갑게 맞이하려는 주인장의 마음에서 만들어진 순수 작품이며 크지 않은 공간이지만 오직 정성으로 마련한 것입니다. 마음은 태산 같았지만, 장소가 협소하고 작품이

많지 않아서 작은 정원이라는 뜻의 '뜨락'이라는 이름을 짓게 되었습니다.

'뜨락'의 지형은 길상과 벽사의 상징인 치미 모양입니다. 해품달의 아름답고 좋은 징조는 들이고 나쁜 것들은 물리친다는 것을 의미합니다. '뜨락'은 해품달에서 덤으로 얻은 공간이고 작품마다 원석 같은 스토리가 있어서 사랑을 많이 받는 공간 중의 한 곳입니다.

지금부터 '뜨락'의 스토리텔링을 소개하겠습니다. 주제는 '거리'입니다. 가장 먼 거리에 있는 소재들을 가장 가깝게 연결한 스토리이자 길거리에 전시되었기 때문입니다.

꿈 피라미드

먼저 펜션 이곳저곳에 흩어져 있는 책을 한곳으로 모으는 작업을 했습니다. 잘 보관된 책도 있었지만, 비가 새는 바람에 책이 물에 불었다가 말라서 부피가 두 배로 늘어난 책도 있었습니다.

"신명섭 대표님, 책이 부풀었는데 버릴까요?"

"아, 그래요? 책이 꿈이 많았나 봅니다. 꿈에 부푸는 건 좋은 거잖아요."

책이 '물에 젖어서 불었다'라는 말을 '꿈에 부풀었다'라고 고쳐 말하는 주인장의 순발력 있는 재치가 놀랍습니다. 낡고 쓸모없어서 버려야겠다고 생각했던 책은 그의 한마디에 모두 생명을 얻었습니다.

우리는 한 권의 책도 버리지 않고 눈보라 치는 겨울날에 손을 호호 불어가며 한 권 한 권, 차곡차곡 쌓아 책 피라미드를 만들었습니다. 높이를 재어보니 공교롭게도 1년을 의미하는 3m 65cm입니다. 해품달을 찾는 분들이 일 년 내내 꿈을 만들고 꿈을 이루어 행복하길 바라는 주인장의 마음을 피라미드에 고스란히 담았습니다.

가장 먼 거리에 있었던 피라미드와 책이 하나의 꿈을 향해 나아갑니다. 이집트에는 사후 세계를 꿈꾸는 '기자 피라미드'가 있고, 인도에는 생명의 물을 꿈꾸는 '찬드 바오리 지하 피라미드'가 있고, 강릉 해품달에는 책을 보며 행복한 삶을 꿈꾸게 할 '꿈 피라미드'가 있습니다.

남이 보기에는 작고 쓸모없어 보이는 꿈도 포기하지 않는다면, 그 꿈들이 모이고 모여 큰 꿈이 된다는 것을 보여주고 싶었습니다. 꿈에 도달하는 징검다리의 상징으로서 지식과 지혜가 담긴 책을 쌓아 만든 작품입니다.

빨간 벽돌책

펜션에 쓸모없이 남아도는 것 중의 하나가 빨간 벽돌이었습니다. 버리자니 아깝고 펜션에 그대로 누자니 울긋불긋 보기가 흉합니다. 이런저런 고민 끝에 커다란 돌책을 만들기로 했습니다. 벽돌로 책을? 엉뚱하다고 생각할 수 있겠지만 다른 면으로 생각하면 창의적입니다. 책과 벽돌이라는 가장 먼 거리를 가장 좁혀보는 재미가 있습니다. 책에 대한 의미를 생각하며 벽돌을 한 장씩 채워나갔습니다.

지식과 지혜는 쓸모없는 것이 하나도 없다.
지식과 지혜는 하나하나가 돌처럼 단단하다.
지식과 지혜는 차곡차곡 쌓이는 것이다.
지식과 지혜는 빈틈을 메워가는 것이다.

빨간 벽돌로 2m 너비의 책을 만들었습니다. 두께도 무릎까지 오도록 높여 커다란 돌책 모양이 나도록 만들었습니다. 그런데 안주인께서 보더니 '두부 같다'고 했습니다. 그 한마디에 돌책은 해체되고 다시 틀을 짜고 반나절이 넘도록 돌책 작업을 하였습니다. 그런데 펼친 책의 '각도가 맞지 않다'는 말에 벽돌을 또 허물어야 했습니다. 주인장은 돌책의 틀을 다시 짰

습니다.

"벽돌책이 족히 500쪽은 넘겠습니다."

주인장의 농담에는 힘들고 피곤한 상황을 돌려 말하는 귀여운 재치가 들어있습니다. 그래서 우리는 서로 덜 미안하게 웃을 수 있었습니다.

5번 이상 해체되었다가 다시 만들기를 반복하여 만들어진 것이 '빨간 벽돌책'입니다. 우리의 삶과 공부도 이와 비슷합니다. 우리가 알고 있는 것을 수도 없이 뒤집고, 갈아엎고, 새롭게 시작했을 때, 자신만의 비법이 담긴 인생 책이 완성되는 것입니다. 누구든 자신이 남기고 싶은 문장을 빨간 벽돌책에 쓸 수 있도록 주인장이 배려한 손님 참여 작품입니다.

책의 만찬

뜨락의 사교 테이블입니다. 설치 미술 작품을 관람한 후, 테이블에 보여 이야기를 나누며 음료를 마실 수 있습니다. 책으로 만든 작품을 보며 작품에 대한 스토리를 듣고, 서로의 느낌을 나누며 파티를 즐길 수 있도록 주인장이 마련한 자리입니다. 해품달에 방문하는 모든 사람들이 책과 친해지고 책을 즐기며 책 이야기를 하며 책을 나누는 행복한 시간을 누리길 바라는 마음에 테이블 이름을 '책의 만찬'이라 붙였습니다.

책도 요리할 수 있고 음식이 될 수 있다는 발상의 재미를 공유할 수 있는 공간입니다. 책과 요리, 그리고 만찬은 너무나 먼 거리의 소재들이지만 '뜨락'에서는 소재가 책이라면 어떤 요리도 파티도 가능하다는 것을 보여주는 작품입니다. 테이

블은 더 이상 테이블이 아닌 만찬이라는 작품으로 승화되었습니다. 이 테이블에서는 누구든 한 권의 책으로 세상에 하나밖에 없는 자신만의 요리를 선보일 수 있습니다. 재료는 해품달 곳곳에 있으며 특히 '읽지마 책방'에 가득합니다. 날마다 책의 만찬을 열어 손님들을 기다리고 있는 주인장의 마음으로 만든 작품입니다.

책여물

소는 여물을 되새김질하여 한 번 삼킨 먹이를 게워내고 다시 잘 씹어 소화시킵니다. 이처럼 사람들이 책에서 본 내용이나 문장을 되새김질하듯 다시 생각하고 잘 말하여 자신의 삶에 적용하면 지혜의 피가 되고 지식의 살이 될 것입니다. 이런 마음을 담아 가장 거리가 멀 것 같은 책과 여물통을 연결하여 창의적인 작품으로 탄생시켰습니다.

버려지는 종이를 여물통에 모읍니다. 마치 여물을 썰 듯, 사람들이 종이 찢기 놀이를 할 수 있습니다. 인류가 손가락을 사용한 그날부터 다른 동물에 비해 지능과 지혜가 월등히 높아졌다는 이야기는 누구나 잘 알고 있을 것입니다. 종이 찢기 놀이는 단순한 놀이가 아니라 지혜를 촉진시키는 놀이입니다.

꽃비가 내리는 날, 여물통에도 비가 내렸습니다. 종이죽이 만들어졌습니다. 꽃 같은 아이들은 종이죽으로 눈사람을 만들었습니다. 종이가 문자와 만나고, 문자는 사람의 머리와 마음을 만나고, 다시 남은 종이는 아이들을 만나 눈사람이 되었습니다. 이처럼 여물통에서는 일 년 내내 되새김질 된 작품을 만들어낼 수 있습니다.

우리가 읽은 책도 되새김질 되어 세상에 빛으로 재탄생되었으면 하는 바람으로 '책여물'이라는 이름을 붙여 만든 작품입니다.

꽃길만 걸어요

시를 낭독하고 시를 감상하며 걷는 꽃길을 만들고 싶었습니다. 꽃길의 의미를 떠올려보면 아름답고 편안하고 행복한 길입니다. 뜨락에서 가장 인문학적인 길, 시가 있는 꽃길입니다.

꽃잔디를 심고, 꽃 사이에 나지막하게 돌을 박아 돌다리를 놓았습니다. 돌다리를 밟고 걸어가면 마치 꽃을 사뿐히 밟으며 꽃길을 걸어가는 모습입니다.

김소월 님의 '진달래꽃'이 생각나고 김춘수 님의 '꽃'과 '꽃을 위한 서시'가 생각나는 길입니다. 시를 낭독하며 걸어도 좋고, 은행나무 아래에 앉아 시를 읽어도 좋습니다. 영화의 한 장면과도 같고 하나의 풍경과도 같습니다. 은행나무 아래 꽃길을 걸으며 주인공이 되어 볼 수 있도록 만든 작품입니다.

시의 주인공이 되어 체험해 볼 수 있도록 만든 꽃길 작품입니다. 꽃길을 걸으며 시인들의 시를 한 줄씩 읊어봅니다.

진달래 꽃
아름따다 가실 길에 뿌리오리다

가시는 걸음 걸음
놓인 그 꽃을
사뿐히 즈려밟고 가시옵소서

(김소월의 '진달래' 중에서)

나의 이 빛깔과 향기에 알맞는
누가 나의 이름을 불러다오

우리들은 모두
무엇이 되고 싶다.
너는 나에게 나는 너에게
잊혀지지 않는 하나의 눈짓이 되고 싶다.

(김춘수의 '꽃' 중에서)

나는 시방 위험(危險)한 짐승이다.
나의 손이 닿으면 너는
미지(未知)의 까마득한 어둠이 된다

나는 한밤내 운다.
나의 울음은 차츰 아닌밤 돌개바람이 되어
탑(塔)을 흔들다가
돌에까지 스미면 금(金)이 될 것이다.
…… 얼굴을 가리운 나의 신부(新婦)여

(김춘수의 '꽃을 위한 서시' 중에서)

다닥다닥 돌담길과 참

돌담이 세수한 듯 맑은 얼굴을 보이기까지는 참으로 많은 일이 있었습니다. 잡초와 해충에 10여 년 간 시달리며 돌담은 존재감이 없었습니다. 돌담이 제 모습을 찾기까지는 이웃과 작은 언쟁도 있었습니다. 그 과정에 측량도 했습니다. 경계는 뚜렷해졌지만, 견학을 위해 며칠 집을 비운 사이 누군가에 의해 돌은 흙더미에 다시 묻혀버렸습니다. 다시 돌을 찾아내며 속앓이도 많이 했습니다. 다시 찾은 돌들은 거리에 버려진 부랑아 같은 모습이었습니다. 그래도 그게 어딥니까? 다시 찾은 자식처럼 반가웠습니다. 잘 쌓아주기만 하면 세상 누구보다 예쁘장한 자식이 될 것을 믿었습니다.

돌담 주위에 마구잡이로 자란 잡나무와 매실나무도 정리했습니다. 포클레인을 불러 이틀간 작업을 했지만, 기계의 한계를 느꼈습니다. 우리에게는 튼튼하고 세밀한 작업을 할 수 있는 손이 있습니다. 해품달 가족이 모두 모여 돌담을 쌓기 시작했습니다. 크고 작고, 모나고 동그랗고, 길쭉하고 똥똥하고 이런 돌들이 서로 어깨를 기대며 단단해졌습니다.

우리 삶의 모습도 이와 다르지 않습니다. 사람의 모습은 다 다르지만 서로 협력하고 손을 잡고 안아준다면 언쟁을 벌일 일보다는 서로 사랑해줄 일이 더 많을 것입니다. 해품달을 찾는 다양한 손님들도 돌담처럼 아름답습니다. 돌담을 쌓으며 느낀 감정들, 그것이 바로 작품으로 연결되었습니다. 돌담과 아름다운 사람들, 이들의 거리는 소담스러운 정입니다. 정이 담긴 가장 작은 말 '다닥다닥'이 돌담과 만나 탄생한 작품입니다.

보기에는 그냥 돌담일지 모르지만, 돌마다 아름다운 사람들의 마음이 들어있습니다. 보이는 것은 돌담이고 느끼는 것은 사랑입니다. 돌담을 쌓다가 땅에 박힌 커다란 돌을 발견했습니다. 그 돌을 우리는 '사랑돌' 또는 '참'이라고 이름 붙였습니다. 참은 일을 하다가 쉬는 시간 또는 그때 먹는 음식을 말합니다. 또 길을 가다가 쉬거나 묵는 곳을 말합니다. 참을 발견한 것은 돌담을 쌓는 사람들의 마음이 사랑으로 가득했기 때문일 것입니다. 이런 마음을 담고 보니 돌담은 이야기가 있는 하나의 작품이 되었습니다. 봄이 되니 돌담 사이사이 꽃이 핍니다. 해품달을 찾는 사람과 사람들 사이에도 이런 사랑의 꽃이 피었으면 좋겠다는 염원을 담은 작품입니다.

해품달 암각화

뜨락에서 가장 생생하지만 가장 웃기는 작품은 암각화입니다. 뜨락 작업을 하면서 큰 돌과 작은 돌을 정리하는 과정에 주인장이 직접 미니 포클레인을 사용했습니다. 돌을 옮기는 포클레인이 너무 작아서 힘들어 보였습니다. 그때마다 지켜보는 우리는 손을 꽉 쥐고 다리에 힘을 주며 응원했습니다. 그 작은 포클레인이 당차게 모든 일을 해냈습니다. 어쩌면 사람 다음으로 가장 큰 일을 해낸 것이 바로 미니 포클레인이 아닐까 싶습니다. 그래서 포클레인 이름을 '뽀빠이 포클레인(일명 뽀빠)'으로 붙여주었습니다. 일 잘하는 것도 기특한데 작업이 다 끝나고 보니 뽀빠가 멋진 그림을 그려놨더라고요. 그냥 보고 웃어넘길 수 없었던 것은 주인장과 뽀빠가 함께 그린 바위그림이기 때문입니다. 여섯 개의 바위그림에 '암각화'라는 이름을 붙이고 하나씩 형상을 찾아보기로 했습니다.

첫 번째 바위그림은 '미녀와 야수의 댄스'입니다.
두 번째 바위그림은 '두 마리 사슴의 외출'입니다.
세 번째 바위그림은 '정원의 파티'입니다.
네 번째 바위그림은 '그대에게 윙크'입니다.
다섯 번째 바위그림은 '뭉클한 심장'입니다.
여섯 번째 바위그림은 '무아지경'입니다.

세상에 하나밖에 없는 해품달 암각화 스토리는 다음과 같습니다.

그림 1은 야수처럼 일 잘하는 주인장과 작고 귀여운 포클레인이 함께 작업하는 모습이 미녀와 야수의 댄스처럼 보입니다.

그림 2는 사슴 같은 안주인이 식사 준비를 위해 마트에 장을 보러 외출합니다.

그림 3은 일하는 사람들이 모여 정원에서 음식을 맛있게 나누어 먹으며 파티를 합니다.

그림 4는 안주인이 주인장에게 윙크로 격려의 메시지를 보냅니다.

그림 5는 윙크를 받은 주인장의 심장이 뭉클합니다.

그림 6은 완성된 뜨락의 모습을 본 사람들은 모두 무아지경에 빠집니다.

작품은 작가의 손에서 태어나는 소중한 이야기를 근원으로 삼습니다. 이야기가 없었다면 그냥 돌덩이에 불과했겠지만, 작업 당시의 소중한 이야기를 바위그림에 연결하니 세상에 누구도 흉내 낼 수 없는 의미 있고 진정성 있는 작품이 되었습니다.

'내가 너의 이름을 불러 주었을 때, 너는 하나의 의미가 되었다.'는 것처럼 말입니다.

키다리 우체부

펜션 앞을 막고 있는 두 개의 긴 전봇대는 필요악입니다. 펜션의 전기를 공급해주는 좋은 기능을 하고 있지만, 펜션을 가로막아 미관도 해치고 있기 때문입니다. 그래서 전봇대를 필요선으로 바꾸는 방법을 생각하게 되었습니다. 전봇대도 해품달의 식구니까요.

무엇으로 어떻게 작품을 만들까 고민 중에 새끼줄과 알루미늄 캔이 눈에 띄었습니다. 펜션에는 손님들이 버리고 간 캔이 많습니다. 새끼줄과 캔을 이용해서 전봇대를 설치 미술 작품으로 만들었습니다.

새끼줄을 탱탱하게 감아 발가벗은 전봇대에 옷을 한 벌 해 입혔습니다. 아무리 시골이라도 옷이 너무 초라하면 안 되죠.

알루미늄 캔을 잘라 꽃을 만들어 장식했습니다. 이 작업에는 펜션에서 하룻밤을 묵은 아이들 5명이 동참했습니다. 아이들은 자신의 손으로 전봇대에 옷을 입힌다는 것을 꽤 흥미로워했고 세상에 태어나서 이렇게 재미있는 놀이는 처음 해 본다며 즐거워했습니다.

꽃무늬 원피스를 입은 키다리 전봇대가 탄생했습니다. 커다랗고 까만 눈도 달아주었습니다. 그런데 뭔가 허전합니다. 그때, 주인장께서 빨간 우체통 두 개를 들고 와서 키다리 전봇대에게 신겼습니다. 가만히 서서 큰 키만 자랑했던 전봇대가 우체통 신발을 신고 일을 합니다. 전봇대에게 우체부라는 직업을 만들어 준 주인장의 생각은 한마디로 화룡점정입니다. 가장 멀었던 전봇대와 우체부가 한 몸이 되었습니다. 이제부터는 키다리 전봇대가 아니라 '키다리 우체부'입니다. 해품달의 기쁜 소식은 키다리 우체부가 모두 배달해 줍니다.

키다리는 기다림입니다.
기다림은 편지입니다.
편지도 사람입니다.
사람 좋아하는 사람이 손보다 마음으로 만든 작품입니다.

이상으로 야외미술관 '뜨락'의 작품과 스토리를 마치고 해뜨는 '펜션' 구역의 이야기를 들려드리겠습니다. 뜨락을 모두 관람하셨다면 펜션에 방을 배정받으시면서 해품달에만 있는 스토리텔링을 즐겨보시기 바랍니다.

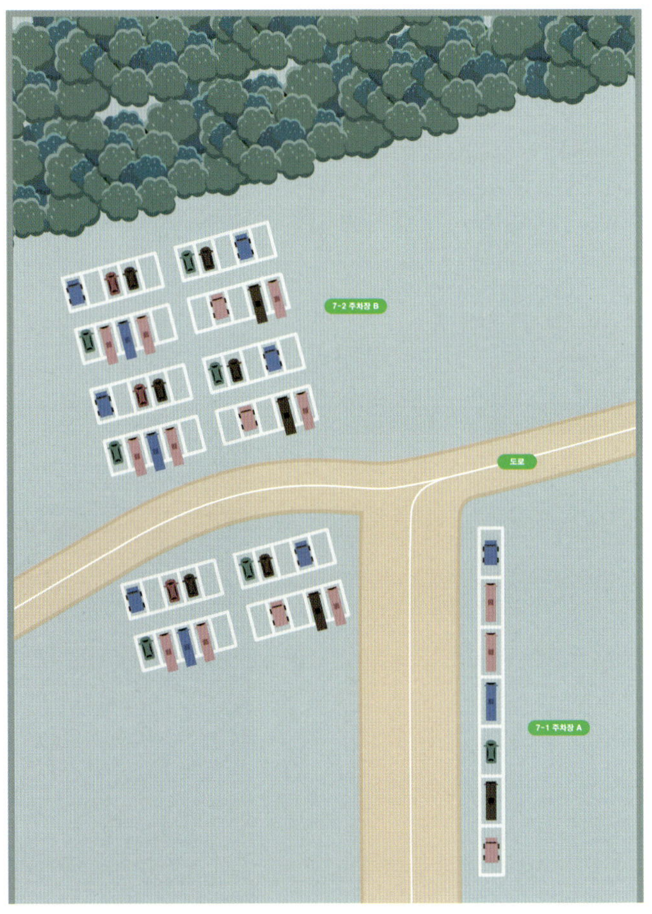

주차장 구역

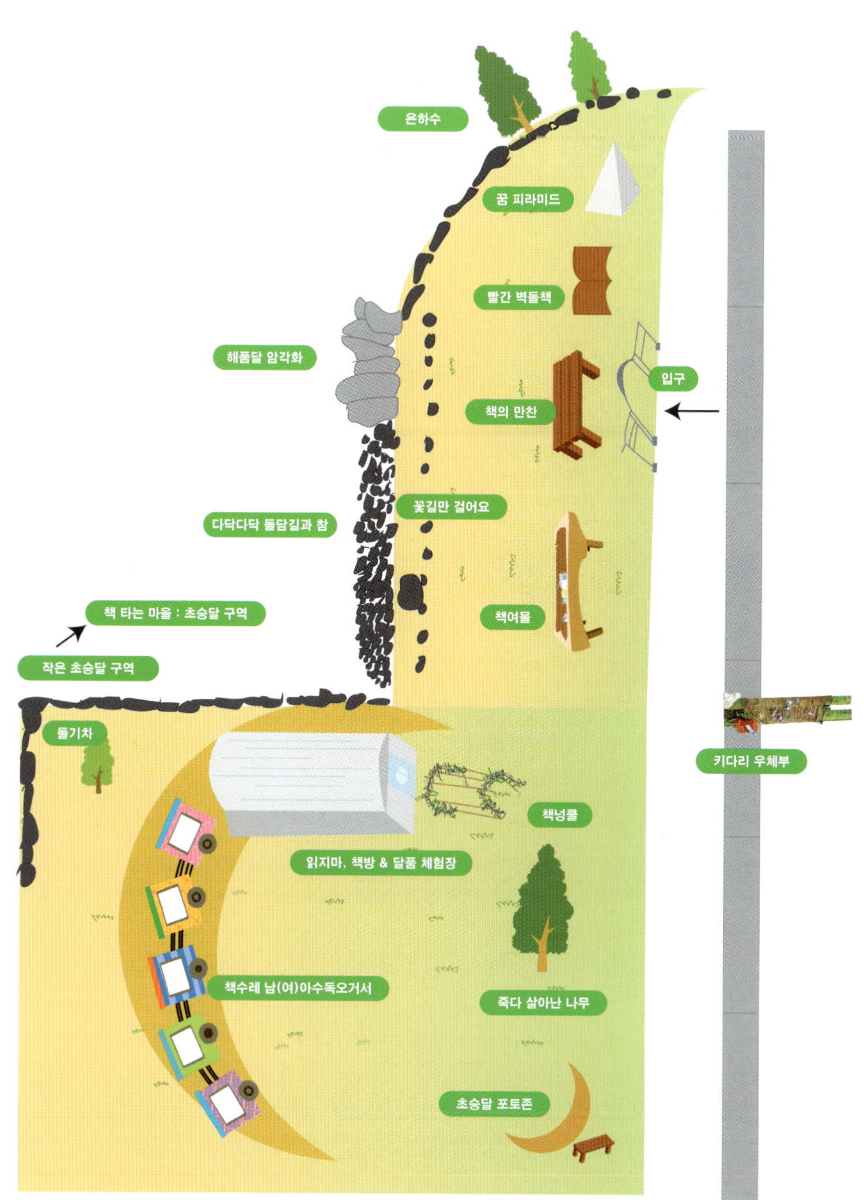
은하수
꿈 피라미드
빨간 벽돌책
해품달 암각화
입구
책의 만찬
꽃길만 걸어요
다닥다닥 돌담길과 참
책 타는 마을 : 초승달 구역
책여울
작은 초승달 구역
돌기차
키다리 우체부
책넝쿨
읽지마, 책방 & 달품 체험장
책수레 남(여)아수독오거서
죽다 살아난 나무
초승달 포토존
뜨락 구역

회오리해 로고

로고는 그림글자이므로 해품달이라는 이름이 독특하게 드러나야 하지만 쉽게 디자인되어야 합니다. 해와 달의 이미지가 보이면서 하나의 메시지가 담기는 것이 좋을 것 같습니다.

둥글고 빨간 해 속에서 노란 달이 회오리바람을 일으키는 이미지입니다. 이는 해품달이 인문학 스토리텔링 펜션으로서 큰 회오리바람을 일으켜 번창하리라는 의미입니다.

간판 글자의 '해'는 빨강, '품'은 흰색 건물, '달'은 노랑으로 표현한 이미지 스토리텔링입니다. 글씨는 이경균 선생님이 써 주셨습니다.

해풍달의 씨앗
해풍달
내가 좋아하는 사람이
나를 좋아해주는 것은
기적이야

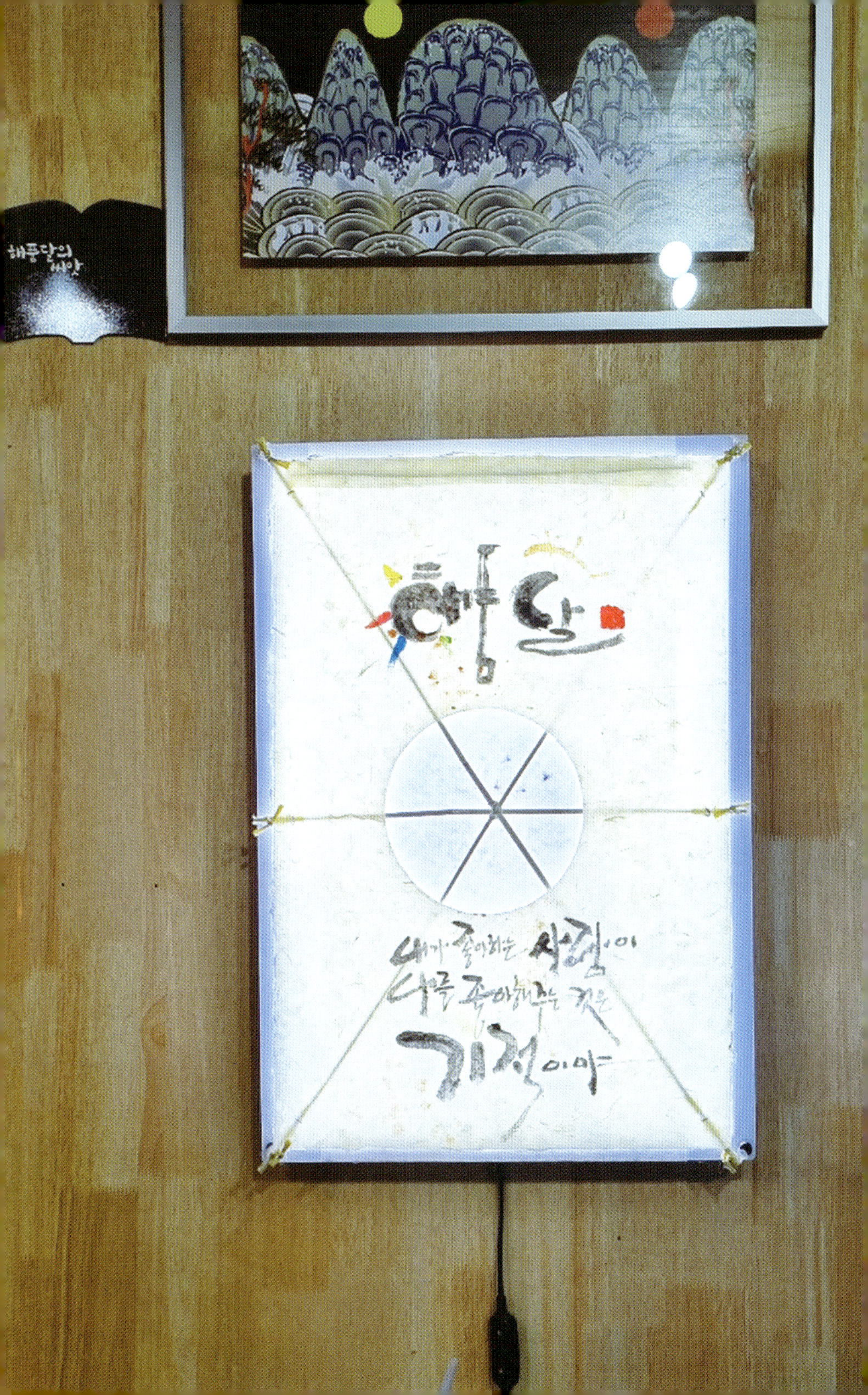

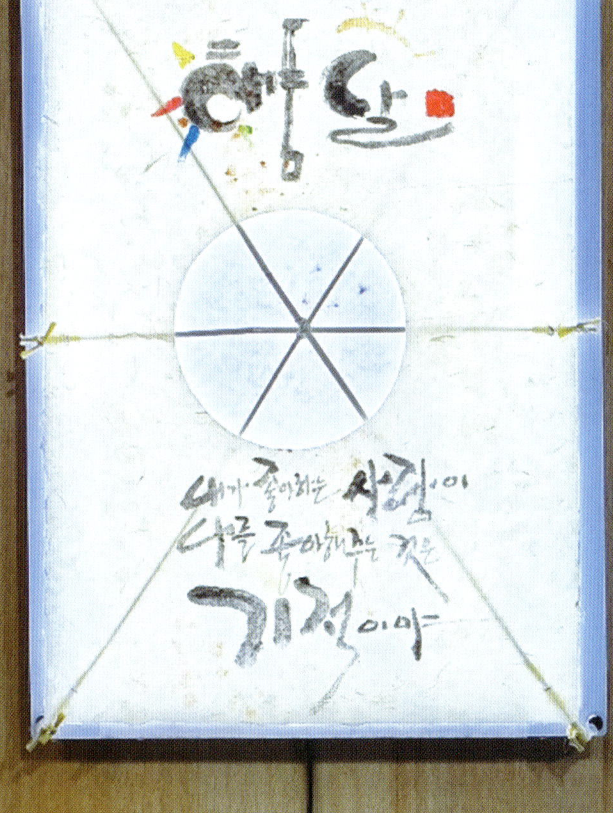

해품달의 씨앗

해품달이란 말의 씨앗은 조선 시대 왕의 어좌 뒤에 세워두고, 왕을 대신하는 병풍 그림 〈일월오봉도〉입니다. 해와 달 그리고 다섯 개의 봉우리가 있는 그림이라 하여 붙여진 이름인데 이 그림을 자세히 살펴보면 하늘, 해, 달, 산, 강이 들어있습니다. 해품달 펜션은 〈일월오봉도〉의 지형적 조건을 갖추었기 때문에 이 그림을 해품달 펜션의 씨앗으로 삼습니다. 푸른 물이 흘러내릴 듯한 청정한 강릉의 하늘, 그 아래에 자리 잡은 해 뜨는 집, 집을 감싸고 있는 초승달, 반달, 보름달 형상의 테마 정원, 정원을 마주 보고 있는 산의 노적봉, 산의 발목을 잡고 펜션을 휘감아 돌며 사계절 마르지 않는 회돌이 강이 있습니다.

해품달의 지형적 조건도 좋지만, 인문적 스토리는 더 아름답습니다. 해를 품은 달의 모습이 아내를 사랑하는 남편의 마음으로 형상화되기 때문입니다. 이처럼 아름다운 사람과 좋은 기운이 있는 해품달 펜션에서 하룻밤을 묵는다는 것은 인생의 멋진 체험이 될 것입니다.

펜션 1동

단독 단체방 : 흥부놀부방(35평)

펜션 2동

1층 : 알라딘방(25평), 피노키오방, 앨리스방

2층 : 하이디방, 신데렐라방

* 흥부놀부방(단독)

식구가 많거나 형제자매처럼 지내는 이웃끼리 와서 함께 묵으면 좋을 방입니다. 흥부와 놀부는 젊었을 때, 재산에 욕심을 낸 형 때문에 힘들 때도 있었지만 나이 들어서는 서로 도와주고 부자로 살았습니다. 두 형제는 아이가 많아서 부자, 돈이 많아서 부자입니다. 마음이 넓어도 부자, 이야기를 잘해도 부자, 노래를 잘 불러도 부자입니다. 흥부놀부방은 욕심내지 않고 서로 나누며 사랑하고 챙겨주는 좋은 부자들의 방이라는 의미입니다.

해품달 펜션

*** 알라딘방(1층 단체)**

모험을 좋아하는 개구쟁이, 사랑스러운 귀염둥이 아이들이 있는 가족이라면 알라딘방이 좋습니다. 알라딘방은 원하는 모든 것을 말할 수 있고 그런 소원을 들어주는 램프가 있는 방입니다. 램프 같은 존재가 가족이라는 의미를 담은 방입니다.

*** 피노키오방(1층 중간방)**

간절한 소망이 있는 사람들이 묵으면 좋을 방입니다. 제페토 할아버지가 나무 인형을 만들어 사람이 되게 해 달라고 빌어서 피노키오가 탄생했습니다. 피노키오방은 할아버지와 피노키오처럼 순수하고 착한 마음을 가진 사람들이 머무는 방이라는 의미입니다.

*** 앨리스방(1층 끝방)**

상상이 실제가 되는 꿈을 가진 사람이 묵으면 좋을 방입니다. 토끼를 따라간 앨리스가 다양한 상상의 세계를 경험하고 멋진 자신을 발견하듯이 자아를 찾아 자유로운 앨리스가 되고 싶은 사람들이 묵는 방이라는 의미입니다.

* 하이디방(2층 바깥쪽방)

맑고 깨끗한 하늘, 맛있는 공기, 푸른 산을 보고 싶은 사람이 묵으면 좋을 방입니다. 스위스에 청정한 알프스가 있다면 우리나라엔 청정한 강릉이 있습니다. 하이디방은 자연 그대로의 스위스가 그리워서 고향을 찾아간 하이디처럼 주말만이라도 자연 속에서 살고 싶은 사람이 묵는 방이라는 의미입니다.

* 신데렐라방(2층 안쪽방)

어려운 과정을 거쳐 황금 신발을 신은 빛나는 존재가 되고 싶은 사람이 묵으면 좋을 방입니다. 신데렐라는 재투성이 시절을 보내지만, 황금 신발을 얻어 부귀영화를 누립니다. 과정을 참고 즐기면 좋은 결과를 얻을 수 있다는 의미를 담은 방입니다.

펜션의 방 이름은 각각의 스토리를 가지고 있기 때문에 가족이 함께 방을 고르는 재미도 있습니다. 방 이름 스토리를 들으며 해품달에서 보낸 날들은 인생에서 큰 의미로 기억될 것입니다. 책 타는 마을이라는 이름에 알맞도록 펜션의 방도 동화책 속에 나오는 주인공 이름을 붙여 재미를 더 했습니다.

돈벼락 포토존

펜션과 마주 보는 산봉우리는 마치 쌀가마니를 쌓아놓은 것처럼 보이는 노적봉입니다. 노적봉이 보이는 곳에 집을 지으면 부자가 된다는 이야기가 있습니다. 노적봉을 바라보며 하룻밤 묵으면 부자의 기운을 받을 수 있을지 모릅니다. 2층의 하이디방과 신데렐라방은 노적봉이 잘 보이는 곳입니다. 2층 벽면 포토존에서는 돈벼락이 떨어집니다. 바구니로 돈을 받아 가져갈 수 있습니다.

꽃 벼락과 같은 아름다운 소재를 찾을 수도 있었지만, 노적봉이라는 봉우리 덕분에 돈벼락을 생각하게 되었습니다. 5만원과 5천 원짜리 지폐가 하늘에서 우르르 쏟아집니다. 우산을 써야 할 정도로 많이 떨어진 돈은 바구니에 한가득합니다. 강릉의 자랑이자 자부심인 신사임당과 율곡 이이가 인쇄된 돈입니다.

노적봉을 바라보며 하룻밤 묵고 돈벼락까지 맞는다면 인생에서 가장 기억에 남는 추억이 될 것이고, 멋진 인생샷이 될 것입니다.

멋진 어느 날, 카페 & 식당

해품달 펜션에서 보낸 어느 날이 인생에서 가장 멋진 날로 기억되길 바랍니다. 펜션에 들어서면 가장 먼저 만나는 곳도 카페이고, 하루를 묵고 난 다음 곱게 단장을 하고, 맨 먼저 가게 되는 곳도 카페입니다. 예쁜 꽃과 책이 있는 카페에서 커피 한 잔을 내려 그윽한 향을 마시며 책을 읽는 모습이 너무나 아름답고 멋있어 보입니다. 이곳에서 '맨부커(man+book+coffee)'를 즐겼던 날은 언제 어디서 추억해 보아도 그날은 '멋진 어느 날'일 것입니다. 인생에 가장 멋진 어느 날을 만들고 싶다면 맨부커 한잔 어떤가요?

명림정

펜션과 카페, 잔디밭을 연결하는 정자입니다. 이곳에 앉으면 펜션의 모든 부분이 한눈에 보입니다. 손님과 가벼운 인사를 나누고 간단한 소개를 하는 친교의 공간이 있었으면 좋겠다는 생각이 들어 정자를 만들게 되었습니다. 그렇게 만들어진 정자는 10년 가까이 이름이 없었습니다.

"정자 이름이 뭔가요?"

"한 번도 생각해 본 적이 없는데요."

주인장은 정자에 앉아 20, 30, 40대에 있었던 일에 대해 들려주었습니다.

그가 예전에 운영했던 회사 이름은 ㈜명림건축입니다. 밝을 明, 수풀 林입니다. 햇살 밝고, 푸른 잔디와 나무가 있는 해품달과 딱 어울리는 이름입니다. 우연치고는 참 좋은 예지가 담긴 이름인 것 같습니다.

마흔까지 열심히 일해서 돈을 벌고, 마흔 이후에는 농촌으로 돌아가 자연 속에서 살며 사람들과 교류하고 마을을 위해 의미 있는 일을 하는 것이 그의 꿈이었습니다. 그렇게 조금씩 준비한 것이 오늘의 해품달 펜션입니다. 계획한 나이보다 3년을 더 일하고 접었는데 그게 조금은 후회가 된답니다. 1년이라도 더 빨리 강릉으로 왔더라면 더 좋았을 것이라고 말합니다. 그의 말과 말 사이에서 행복을 읽을 수 있었습니다.

"오호, 그럼 명림정으로 하면 좋겠어요."

"명림정?"

"네, 이름 없는 정자보다는 지난날의 추억을 떠올리게 하는 주인장만의 공간, 어떤가요?"

"뿌듯한데요. 밤샘하며 설계했던 때, 힘들게 계약했던 때, 그때는 힘들었지만, 지금 되돌아보면 참 보람차게 살았던 것 같습니다."

정자는 10년 만에 주인장의 청춘을 바친 회사 이름 '명림'을 추억할 수 있는 '명림정'이라는 이름으로 불리게 되었습니다. 주인장과 정다운 이야기를 나눌 수 있는 공간이자 손님과 소통을 배려한 공간입니다.

해그네

해를 상징하는 펜션을 바라보며 타는 그네입니다.

수영장과 족욕장

펜션이 있고, 정자가 있고, 잔디밭이 있어도 뭔가 허전했습니다. 펜션 앞에는 양지를 무척이나 좋아하는 배롱나무가 있습니다. 배롱나무는 꽃잎도 참 예쁘지만, 나무껍질을 손으로 긁어주면 잎이 하늘하늘거리며 아기가 간지럼을 타듯 움직이는 간지럼나무입니다. 그때 문득 아기들이 놀 수 있는 목욕조를 놓아야겠다는 생각을 했습니다.

배롱나무 아래 욕조를 하나 놓아두었는데도 아이들은 커다란 수영장에 들어간 듯 즐겁게 놀았습니다. 그 모습을 본 주인장은 제대로 된 수영장을 만들기 위해 설계에 들어갔습니다. 배롱나무를 최대한 살리면서 수영장의 모습은 엄마 뱃속에 웅크린 태아의 모습으로 만들었습니다. 주인장 부부는 아이가 없습니다. 태아의 모습으로 설계한 것은 건강한 아기가 안주인의 품에 안기길 바라는 염원이 있었고 나아가 펜션을 찾는 많은 아이들이 건강하게 잘 자라라는 바람도 담았습니다.

주인장의 따뜻한 마음이 수영장에 고스란히 담겨있습니다. 여름이면 펜션을 찾는 아이들이 가장 좋아하는 공간이 수영장입니다. 빙긋이 웃으며 아이들을 바라보는 그의 눈에서는 꿀이 뚝뚝 떨어집니다. 사시사철 사랑이 넘치는 공간입니다. 여름에는 사랑스러운 아이들이 수영장에 가득하고, 가을에는 바람을 만난 낙엽이 물 위에 비늘을 일으킵니다. 겨울에는 꽁꽁 얼어붙은 얼음 아래에 겨울을 나는 생물들이 삽니다. 봄이 되면 겹벚꽃잎이 수영장 가득 살랑거립니다. 이 풍경은 펜션 방에서도, 카페에서도, 명림정에서도, 해그네를 타면서도 바라볼 수 있습니다.

수영장에서 넘쳐흐르는 물은 족욕장으로 이어집니다. 지하수로 퍼 올린 깨끗한 물은 끊임없이 흘러내립니다. 물이 아깝다는 생각에 주인장은 또 설계를 합니다. 족욕장에 발을 담근 손님들이 나무 그늘에서 시원한 생맥주 한잔을 놓고 책을 읽는 상상을 합니다. 아이들이 족욕장을 오가며 물놀이를 합니다. 상상은 현실이 되고 족욕장이 만들어졌습니다. 돌담을 쌓아 소담스럽게 만들었지만 이내 마음을 바꾸었습니다. 혹시 아이들이 돌에 걸려 넘어질까 봐 나무 의자를 만들어 돌담 위에 올렸습니다. 삭막해지지 않게 꽃도 그려 넣었습니다.

수영장에서 내려온 물은 족욕장을 거쳐 초승달 연못으로 갑니다. 초승달 연못에는 올챙이와 물고기들이 오글거리며 사는 곳입니다. 아이들은 족욕장을 거쳐 연못까지 달려갑니다. 올챙이를 잡았다 놓아주며 즐거워합니다. 해품달의 콘텐츠 하나하나에는 모두 주인장 부부의 사랑이 담겨있습니다.

B612

파이

초코 & 파이

해 뜨는 집에서 가장 사랑을 받는 강아지들입니다. 초코와 파이의 관계는 보녀지산입니다. 초코는 코에 검은 점이 있어서 붙여진 이름이고 파이의 본명은 '방울'입니다. 데리고 올 때 방울이 달려있어서 붙인 이름입니다. 초코와 방울이로 불리며 살았습니다. 안주인의 하루는 "초코야~! 방울아~!" "사랑아~! 나비야~!"라고 부르며 시작합니다. 나비와 사랑이는 부부 고양이입니다. 장난꾸러기 초코와 방울이는 하루에 수도 없이 불러야 합니다.

안주인이 목이 마르도록 불러대는데 두 녀석은 온 동네를 달리며 애를 태웁니다. 크게 불러야 옵니다. 안주인의 목이 아파 보입니다. 이름을 좀 더 간단하게 부를 수 없을까 하는 마음에 한마디 던졌습니다.

"그냥, 초코, 파이 해요."
"초코, 파이? 나쁘지 않는데요."
"사랑스럽고 달콤하게 느껴지잖아요."

그때부터 초코와 파이로 불리게 되었습니다. 초코와 파이는 정말 사랑스럽고 달콤한 강아지입니다. 애교가 9단입니다. 초코와 파이는 달콤한 초코·파이 문패를 달고 있습니다. 문패 덕에 초코와 파이는 더 사랑스러워 보입니다. 사랑이와 나비는 점잖은 고양이입니다. 이들은 부부 고양이라서 그런지 밤이 되면 꼭 끌어안고 잠이 듭니다. 아이들이 참 좋아하는 고양이입니다.

지금까지 해품달의 펜션 구역 이야기와 콘텐츠를 통해 스토리텔링을 체험하셨습니다. 다음 장에서는 주인장의 꿈으로 만들어진 초승달 구역, 책 타는 마을을 소개해 드리겠습니다.

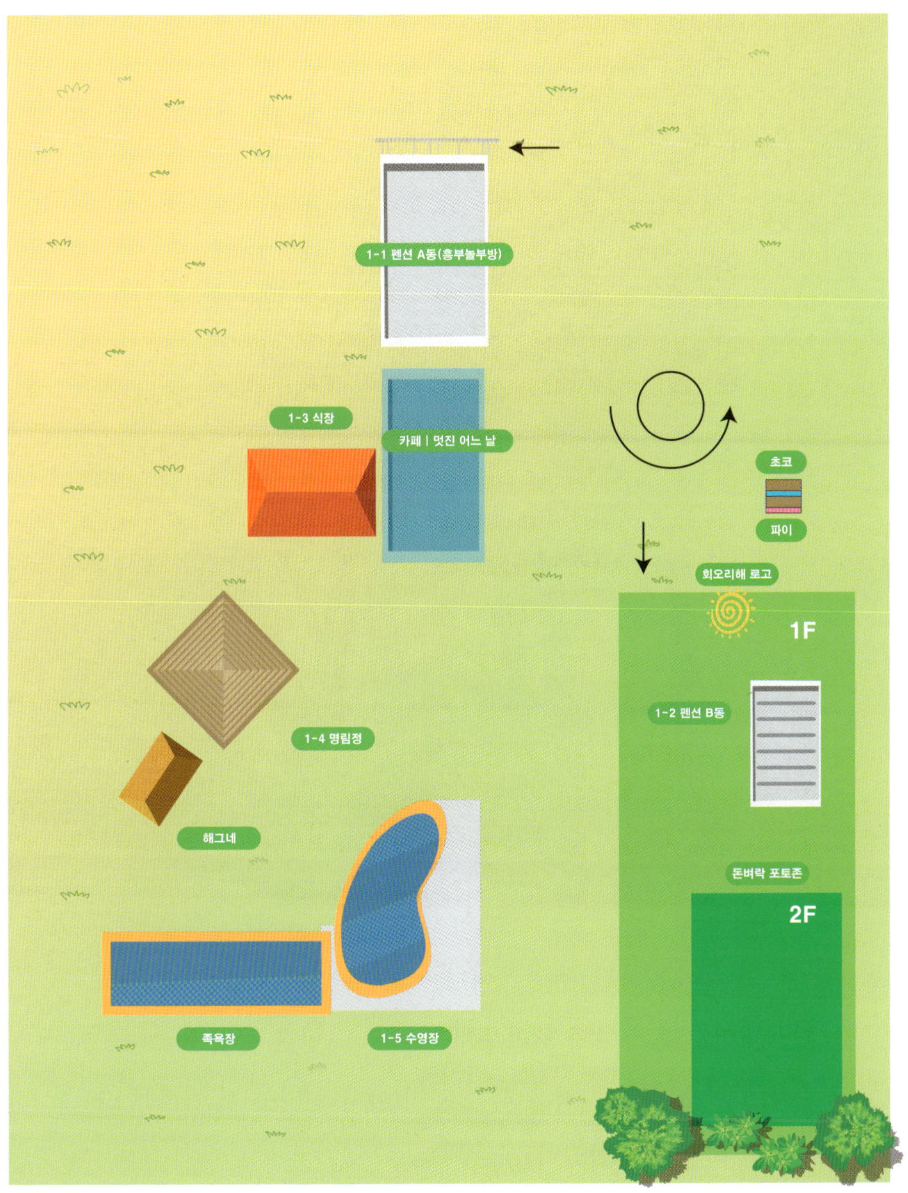
1-1 펜션 A동(흥부놀부방)
1-3 식장
카페 | 멋진 어느 날
초코
파이
회오리해 로고
1F
1-2 펜션 B동
1-4 명림정
해그네
돈벼락 포토존
2F
족욕장
1-5 수영장

펜션 구역

책 타는 마을 : 초승달 구역

책 타는 마을이란, 주인장이 소장하고 있는 4만여 권의 책을 이색적이고 독특하게 보여주기 위해서 고민한 끝에 버스라는 오브제를 도입하여 '책은 읽는 것이 아니라 타는 것'이라는 슬로건 붙여진 이름입니다.

오브제는 물건 본래의 용도에서 벗어나 작품에 사용하여 새로운 느낌을 일으키는 상징적인 활동을 하는 물체입니다. 해품달에서는 버스가 이동수단이라는 용도에서 분리되어 책을 위한 하나의 작품으로 상징적 활동을 합니다.

버스와 손님처럼 버스와 책이 만났습니다. 버스와 도서관처럼 버스와 공간이 일치합니다. 버스와 놀이터와 장난감처럼 버스와 아이들은 책을 가지고 놉니다. 탑을 쌓고, 수레에 태우고, 찢고, 벽에 바르고, 만들기도 합니다. 책은 이제 사람이고 장난감이고 친구입니다. 버스를 타듯 책은 탈 수도 있고 읽을 수도 있고 안고 잘 수도 있습니다.

책은 더 이상 문자를 가두지 않습니다. 문자가 자유를 얻는 곳입니다. 아이들도 더 이상 책에 갇히지 않습니다. 읽어야 한다거나 읽혀야 한다는 구속에서 아이들과 책이 함께 해방되어 자유를 얻으면 상상의 세계, 창의의 마을로 들어갑니다. 그런 의미를 담아 '책 타는 마을'이라는 이름을 붙였습니다.

초승달 구역의 '책 타는 마을' 시작은 초승달 포토존, 책넝쿨, 읽지마 책방, 달품 체험장, 책수레, 돌기차까지입니다.

모두 책으로 구성된 콘텐츠들입니다. 작은 초승달 구간을 지나면 호두막, 작가의 방, 어린 왕자 버스, 빨강머리 앤 버스, 신기한 노씨 버스, 사랑막, 원두막, 꼬마막으로 연결되는 큰 초승달 구역으로 이어집니다. 쉬어가는 구역으로는 야외 피아노 공연장과 초승달 연못이 있습니다.

초승달 포토존

해를 품은 달의 형상이 첫 번째로 나타나는 곳입니다. 초승달은 시작이자 희망입니다. 삶의 순간마다 '초심을 잃지 말자'는 가장 겸손한 마음으로 손님을 맞이하고자 마련된 포토존입니다. 작은달이 자라서 보름달이 되듯이 해품달의 출발은 소담스러워도 조금씩 커나가는 모습을 보여주고 싶은 마음을 담아 손님을 맞이하는 입구의 벽에 초승달을 약속처럼 그리게 되었습니다. 아무도 몰라줘도 괜찮습니다. 왜냐하면, 벽에 쓴 글자에 답이 있기 때문입니다.

'어쩌면 저 달이 내 맘을 알아줄지도 몰라'

어쩌면
저달이 내마음을
알아 줄지도
몰라~

어쩌면
달이 내마음을
알아 줄지도
몰라

어쩌면
저달이 내마음을
알아 줄지도
몰라

죽다 살아난 나무

뜨락을 조성하는 과정에서 정글을 이루었던 잡나무들이 많이 정리되었습니다. 정리된 나무들에 관해서 이야기를 나눌 때마다 주인장은 나무를 아까워합니다. 그러나 펜션을 더 아름답게 꾸미고 손님들이 행복할 수 있도록 정리하는 과정이었기 때문에 어쩔 수 없었습니다. 그런데 끝까지 살려야 한다고 보호한 한 그루 나무가 있습니다. 푸른 솔 가지가 쭉쭉 뻗은 미끈하고 늘씬한 나무입니다. 밖으로 삐죽 튀어나온 가지를 자르기 위해 톱이 나무의 한 가지를 잘랐습니다. 한순간 마음을 달리했다면 잘려나갔을지도 모를 일인데 이 나무를 살린 것에 대해 주인장은 무척 기뻐합니다.

이 나무 아래 작은 의자를 놓고 주인장이 앉았습니다. 그 모습을 본 안주인이 한마디 합니다.

"이 나무만 살아난 이유가 뭐냐면요, 여자 나무라서 그래요. 죽을 뻔했는데 살아남은 거예요. 여자라서."

이 말에 모두 박장대소했습니다. 평소 아내를 무척 사랑하는 주인장에게 농담을 던져 모두 웃을 수 있는 시간을 만들어 준 안주인의 말이 너무 재미있어서 이 나무를 '죽다 살아난 나무'라고 이름을 붙였습니다. 아마도 나무가 말을 할 줄 안다면 주인장에게 무척 고마워하고 서로를 위로하는 좋은 친구가 되었을 것입니다. 평소 주인장의 성격으로 보아 나무에게 생맥주 한잔을 권했을지도 모릅니다. 한 그루 나무에도 아름답고 재미있는 이야기가 있기에 작품으로서 충분한 가치가 있습니다.

책넝쿨

넝쿨은 길게 뻗어 나가면서 다른 것을 감아 오르기도 하고 땅바닥에 퍼지기도 합니다. 책도 그렇습니다. 책은 읽을수록 많은 것들과 연결되고 새로운 생각이 떠오르게 되어 비순차적 하이퍼텍스트(hypertext) 읽기로 넘어갑니다. 이때 책 읽기의 재미란 어떤 재미와도 비교할 수 없을 정도입니다. 무엇을 감아 오르는 듯, 날아오르는 듯, 땅바닥을 기는 듯, 퍼지는 듯한 카타르시스를 즐길 수 있습니다. 이런 감정을 작품에 옮겨 책과 넝쿨을 연결 지었습니다.

책넝쿨은 쉽지 않은 작업입니다. 폐지로 취급될 책을 모아 한 권씩 구멍을 뚫고 쇠파이프에 끼우는 작업은 먼지와 소음, 많은 노동을 필요로 합니다. 책을 모으고, 뚫고, 끼우는 과정이 어렵지만, 책 속에 이야기가 싹이 나서 길게 자라고 다른 책을 휘감고 땅을 기어갈 상상을 하니 참 재미있습니다. 아이

들도 책넝쿨을 보며 이야기의 씨앗을 품은 책에 대해 마음껏 상상하길 바라는 마음입니다.

'꿈피라미드'의 책과 '책넝쿨'의 책이 비를 맞으면 어쩌나 걱정하지 않아도 됩니다. 책은 비를 맞으면 꿈에 부풀고, 이야기의 싹이 자랍니다. 어떤가요? 이 정도 감성을 가질 수 있고 창의적인 생각을 할 수 있는 작품이 또 있을까요? 상상력을 마음껏 발휘할 수 있는 그런 작품의 절정은 눈비와 바람을 맞고 자라는 '책넝쿨'입니다.

읽지마, 책방 & 달품 체험장

책은 읽어야 한다는 고정관념을 깨고 싶었습니다. 책과 친해지는 것이 먼저라는 주인장 부부의 생각으로 '읽지마 책방'을 열게 되었습니다. 읽어야 한다는 부담은 줄이고 놀 수 있다는 편안한 마음으로 책방을 즐기면 됩니다.

책넝쿨을 지나면 노란 보름달 문이 보입니다. 보름달을 열면 반달이 됩니다. 반달을 통과해서 책방으로 들어서면 초승달 구간이 시작됩니다. 양쪽으로 길게 전시된 책장이 마주 보고 있고 위쪽에는 연이 줄지어 걸려 있습니다. 책은 자유롭게 보고 제자리에 꽂아 두면 됩니다.

책방에 좋은 문구가 적힌 연을 걸어놓은 것은 이곳을 찾는 사람들과 좋은 문장 하나에 아름다운 '연(인연)' 하나를 만들어 이어가고 싶은 바람 때문입니다. 즉, 연을 맺기 위해 연을 걸어둔 셈입니다.

출구 쪽에 9층 책트리가 있습니다. 책트리를 제작할 당시 크리스마스 전후였습니다. 트리는 선물을 걸어두는 곳입니다. 이와 마찬가지로 책트리에는 선물로 기증해 주신 소중한 책과 성함, 사연을 꽂아 둡니다. 1층부터 9층까지 책이 차곡차곡 채워지고 주신 분의 이름을 기록했습니다. 경주 황룡사 9층 목탑이 신라를 지켜주었듯이 책방을 지켜주는 9층 책탑이 되

었습니다.

책방에서는 여러 가지 체험을 위한 시청각 교육도 합니다. 책과 책갈피 만들기, 피자 체험, 자기만의 염색 옷과 손수건 만들기, 부채와 등 만들기, 농사 체험으로는 고구마 캐기, 꽃 심기, 다슬기 잡기, 밤 줍기, 토끼 먹이 주기, 뗏목 체험이 있습니다.

돌기차

읽지마 책방 옆에는 벚나무 그늘이 좋은 곳입니다. 그래서 돌의 반듯한 면을 찾아 의자처럼 줄지어 놓았습니다. 돌의자가 줄을 잇고 보니 기차처럼 보입니다. 봄에는 꽃그늘, 여름에는 바람 그늘, 가을에는 낙엽 그늘, 겨울에는 눈꽃이 핀 나무 아래에서 책을 본다는 것은 자연이 그려주는 그림입니다. 유치원에서 견학 온 아이들이 선생님을 바라보며 앉으니 '나리나리 개나리 입에 따다 물고요 병아리 떼 종종종 봄나들이 갑니다.' 가는 것 같이 예쁩니다. 해품달의 숨은 독서공간입니다.

돌기차

책수레 남(여)아수독오거서

책방 문을 열고 나오면 책이 담긴 수레가 있습니다. 간단한 책수레 이야기를 들려드리겠습니다.

남(여)아수독오거서(男兒須讀五車書)는 이 세상에 태어난

남자(여자)라면 다섯 수레에 실릴 만큼의 책은 읽어야 한다고 당나라의 시인 두보가 말했습니다. 다섯 수레는 몇 권이나 될까요? 말이 끌었던 수레로 계산해 보면 수레 하나에 2천 권 정도 될 것이라고 예상해 봅니다. 다섯 수레라면 만 권이 됩니다.

최소 만 권의 책을 읽으면 기적이 일어날 것이라는 말은 그냥 하는 소리가 아닙니다. 꿈을 이루고 부귀영화를 누리고 싶다면 만 권의 책 읽기부터 시도해 보라는 말입니다.

부귀필종근고득(富貴必從勤苦得), 남아수독오거서(男兒須讀五車書)
부귀는 반드시 근면한 사람이 얻을 것이니, 남자는 다섯 수레의 책을 읽어야 한다.

말과 글에도 맛이 있는데 책을 즐겁게 읽고 쓰는 사람의 말은 맛이 있습니다. 말맛과 글맛을 제대로 느끼려면 먼저 책을 가까이하는 것이 좋습니다. 그래서 준비한 콘텐츠는 '남아수독오거서 책수레'입니다. 수레에는 초승달부터 상현달, 보름달이 그려져 있는데 책을 읽으면 마음이 넓어지고 생각이 점점 커진다는 것을 상징합니다.

호두막

해님달님에 나오는 호랑이가 책 타는 마을에 나타난 것은 자신의 억울함을 호소하기 위해서입니다. 누구도 호랑이의 입장을 물어보지 않고 오해만 했으니까요. 사실 호랑이는 오누이의 엄마를 잡아먹은 것이 아니라고 말합니다.

"오누이 엄마가 떡을 주면서 오누이들이 책을 잘 읽고 다투지 않고 있는지 살짝 집으로 가봐달라고 심부름을 시켰어요. 그래서 오누이 집으로 갔는데 아이들이 겁을 먹고 나무 위로 도망간 거예요. 저는 너무 억울해요."

호랑이의 말이 사실일까요? 호랑이를 나쁘다고만 할 것이 아니라 호랑이의 말도 귀담아들어볼 필요성이 있겠지요. 자기의 생각과 다르다고 해서 상대를 나쁘다고만 할 것이 아니라 상대의 이야기도 들어보며 자기의 생각도 분명하게 전달하여 토론하는 것이 참된 소통이겠지요? 그래서 주인장은 호랑이를 위해 작은 오두막을 만들어 주었어요. 호랑이가 사는 오두막이라고 붙여진 이름입니다. 오늘도 호랑이는 오두막에 앉아 자신의 말을 들어줄 사람을 기다리고 있어요.

호두막은 호랑이의 입장도 들어보자는 역발상 토론의 방입니다. 입장 이해, 역발상을 배울 수 있는 방입니다. 아이들과 부모가 들어가서 대화를 나누어도 좋고, 아이들끼리 들어가서 자연스러운 논술 체험을 해도 좋습니다. 자기의 의견이나 주장을 논리적이고 조리 있게 말하는 연습이 바로 논술 공부의 지름길입니다.

변명 잘하는 호랑이를 만나려면 책 타는 마을의 호두막으로 오시면 됩니다.

작가의 방과 전망대

책 타는 마을에서 가장 미니멀리즘 한 방이 작가의 방입니다. 글 쓰는 에너지 외엔 기를 뺏기지 않기 위해 작가는 가장 작은 공간을 좋아합니다. 책상 하나, 책꽂이 하나면 좋습니다. 옛 선비들도 작은 초가에서 책상 하나를 놓고 문장을 썼습니다. 가장 단순한 것이 가장 좋은 환경입니다.

작가의 방 위에는 전망대가 있습니다. 전망대에서 마주 보이는 곳은 나지막한 산과 사철 흐르는 강물입니다. 산과 물을 둘러보며 마음을 맑고 깨끗이 하고 시선은 두루 넓게 보아 사고를 확장하라는 의미입니다. 작가의 방과 전망대는 단순함이 포인트입니다.

어린 왕자 버스

어린 왕자가 책 타는 마을로 온 것은 어린이 친구들에게 물어보고 싶은 것이 있기 때문입니다. 어린 왕자는 B612 행성에서 장미와 둘이 살고 있었는데 말다툼이 생겨서 집을 나온 상태입니다. 어린 왕자는 어떻게 하면 장미와 다시 관계가 좋아질 수 있는지 방법을 찾기 위해 여기저기 묻고 다닙니다. 어린 왕자에게 답을 가르쳐 주세요.

관계를 맺는다는 것은 서로 알아간다는 뜻입니다. 알아간다는 것은 서로 이해하고 받아들인다는 것입니다. 어린 왕자는 해품달의 책 타는 마을에서 많은 아이들을 만나면서 관계 맺고 서로 길들이는 것을 배우고 싶어 합니다. 어린 왕자가 장미와 화해할 수 있도록 도와주고 싶으면 '어린 왕자 버스'로 와서 가르쳐 주세요.

빨강머리 앤 버스

빨강머리 앤이 책 타는 마을로 온 것은 자신이 살고 있는 푸른 집을 지켜내듯이 푸른 잔디를 지켜주고 싶어서입니다. 어린 왕자가 빨강머리 앤에게 말합니다. 사막이 아름다운 것은 우물이 있었기 때문이듯, 해품달이 아름다운 것은 잔디밭이 있기 때문이라면서 푸른 잔디밭을 잘 지켜달라고 부탁합니다. 앤은 고개를 끄덕이며 약속합니다.

빨강머리 앤은 고아이지만 언제나 밝고 명랑합니다. 자주 사고를 치고 실수를 하지만 기죽지 않고 긍정적으로 생각합니다. 실수는 누구나 할 수 있으니까요. 앤이 말합니다.

"내일을 생각하면 너무 기분이 좋아요. 내일은 아무 실수도 저지르지 않은 새로운 날이잖아요."

신뢰의 속도
인생 수업
고대로마

빨강머리 앤처럼 씩씩하고 긍정적으로 밝게 살고 싶은 어린이는 앤이 가장 좋아하는 푸른 잔디가 보이는 앤의 버스로 오세요. 앤과 함께 해품달의 초록 잔디밭을 지켜요.

신기한 토끼 버스

토끼가 책 타는 마을로 온 것은 노랑 스쿨버스 운전에 도전하기 위해서입니다. 토끼는 용감합니다. 아무리 어려워도 포기하지 않습니다. 아직까지는 스쿨버스를 운전하는 토끼를 본 적이 없습니다. 누구이든 상관없습니다. 토끼면 어떻고 강아지면 어떻습니까. 마음먹고 도전하면 누구든지 할 수 있습니다.

토끼는 보름달이 뜨는 날이면 재빠르게 깡충깡충 뛰어서 달로 갑니다. 토끼가 달까지 뛰어가서 방아를 찧는 것은 쉬운 일이 아닙니다. 그렇지만 떡방아를 찧어 떡을 만들고 세상 어디에선가 굶고 있는 사람들에게 떡을 나누어 줍니다. 보름날 밤새도록 떡방아를 찧습니다. 다음날에는 책 타는 마을로 부리나케 뛰어와서 아이들을 태우고 스쿨버스 운전을 합니다. 토끼가 운전하는 버스를 타고 세상 어느 나라든 가고 싶다면 당근 들고 있는 토끼를 찾아 인사를 하고 버스에 올라타세요. 차비는 당근 하나입니다.

사랑막

책 타는 마을에서 가장 사랑스러운 곳입니다. 사랑막에서는 어떤 모습으로 앉아 있어도 예쁘고 사랑스럽습니다. 그래서 사랑막이라는 이름으로 부릅니다.

실룩실룩 놓아요
안녕! 인사해요

원두막

잔디밭을 바라보며 수박이나 참외를 먹어도 좋고 동화를 읽어도 좋을 곳이라서 원두막이라 부릅니다.

꼬마막

책 타는 마을에서 가장 작고, 가장 막내 집입니다. 그래서 꼬마막이라 부릅니다. 애칭은 '꼬막'입니다.

초승달 연못

책 타는 마을이 초승달 구간임을 상징적으로 알리기 위해 만든 연못입니다. 초승달 속에 물고기와 올챙이가 살고 있다는 상상을 넘어 실제를 보여주고 싶었습니다.

이상으로 책 타는 마을의 스토리텔링은 끝이 나고 반달 구역의 스토리텔링을 소개하겠습니다.

2-1 읽지마 책방
달품 체험전
2-2 호두막
2-3 작가의 방과 전망대
2-4 어린 왕자 버스
2-5 빨간머리 앤 버스
2-6 신기한 토끼 버스
2-7 사랑막
원두막
꼬마막
2-8 초승달 연못

초승달 구역(p41 참조)

달빛 놀이 공원 : 반달 구역

달빛 놀이 공원에는 소방차 미끄럼틀, 조합된 놀이기구가 있습니다. 그 외 돗자리 쉼터, 소꿉놀이, 모래놀이, 시소, 작은 자동차가 있고 미꾸라지 잡이를 체험할 수 있습니다.

행복나무

50년 된 밤나무는 쉼을 주고, 그늘을 주고, 밤을 주고, 눈꽃나무 풍경을 주고, 사시사철 주기만 하는 나무입니다. 준다는 것은 받는다는 것보다 훨씬 행복하기 때문에 '행복나무'라 부릅니다.

사랑의자

노인 한 분이 앉았는데 5살쯤 되어 보이는 손녀가 흔들어주는 모습이 너무나 사랑스러워 보였습니다. 그때부터 그 의자는

‘사랑의자’라 부르게 되었습니다. 누군가 앉고 누군가 흔들어 주는 모습은 사랑에서 시작됩니다.

반달지신밟기

푸른 하늘 은하수 하얀 쪽배에
계수나무 한 나무 토끼 한 마리
돛대도 아니 달고 삿대도 없이
가기도 잘도 간다 서쪽나라로

(윤극영의 '반달' 동요 중에서)

반달 노래를 부르며 반달밤나무를 한 바퀴 돕니다. 밤나무는 행운과 희망을 주는 나무입니다. 밤나무를 돌면서 지신 밟는 놀이는 악귀와 잡신을 물리치고, 건강의 안녕과 가정의 다복을 얻을 수 있는 놀이입니다.

벚꽃길과 꽃그네

주인장이 10년 전에 심은 벚나무입니다. 벚꽃을 보러 찾아 나서는 사람들을 보며 10년 후를 생각했습니다. 사람들이 해품달로 벚꽃을 보러 찾아와 주길 바라는 마음으로 벚나무를 심으면서 언제 자라나 안달했습니다. 2년이 지나자 꽃이 피었고 6년이 지나니 벚꽃길이 모습을 갖추었습니다. 짧은 순간이지만 강렬한 느낌을 주는 꽃이라서 더 아름답게 느껴집니다.

벚꽃길의 끄트머리에 그네를 놓으니 꽃그네가 되었습니다. 벚꽃 눈이 날리는 날 그네에 앉으면 한 폭의 수채화입니다.

※ 그 외 꽃길

수국길

녹차꽃길

블루베리길

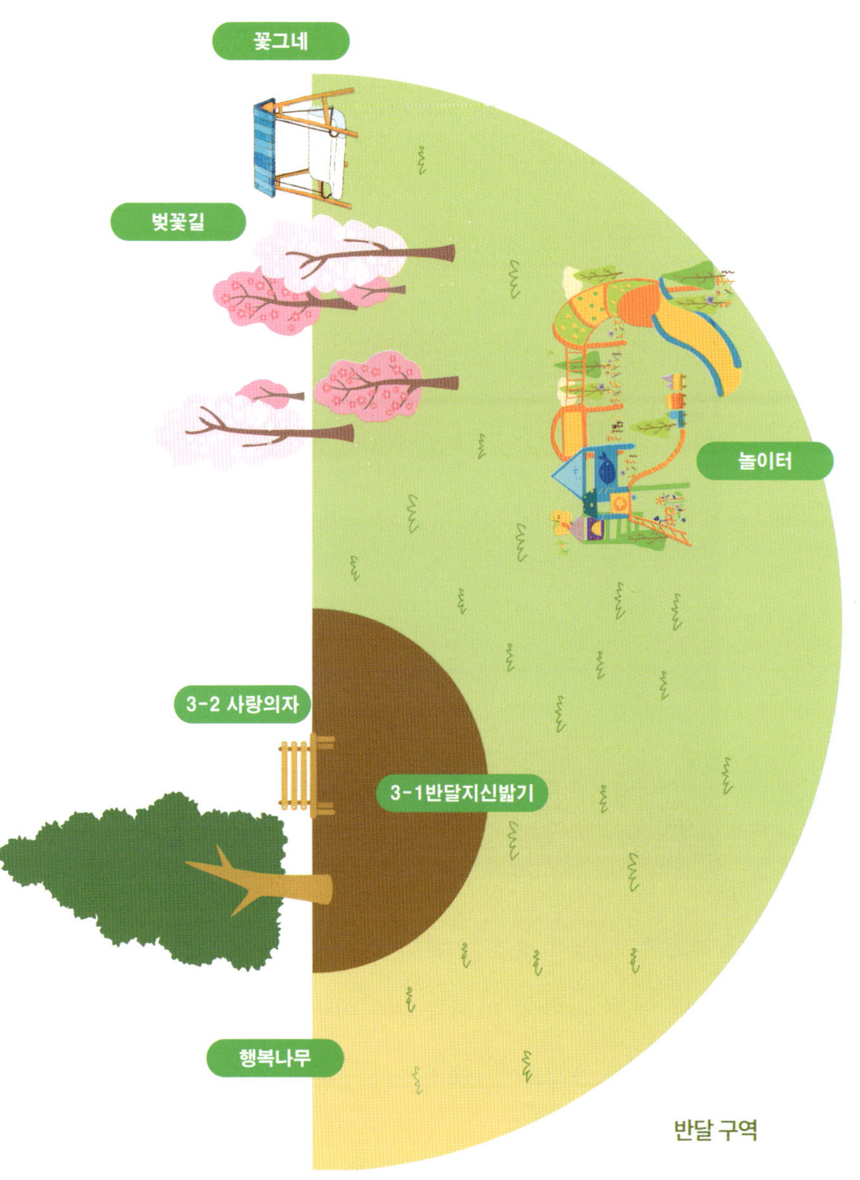
꽃그네
벚꽃길
놀이터
3-2 사랑의자
3-1반달지신밟기
행복나무
반달 구역

달빛 정원 :: 보름달 구역

반달 구역을 지나면 보름달 정원, 큰돔 솥달, 작은돔 방아 찧는 토끼, 달 익는 저녁의 바비큐장이 이어집니다. 바비큐장에는 보름달을 상징하는 돔형 화덕에서 액운을 날려 보내고 행운을 바라는 달집태우기 체험과 달돌이 체험을 할 수 있습니다.

둥글게 배치된 노란색 파라솔에 앉아 캠프파이어도 즐길 수 있습니다.

넓은 잔디밭에서는 어른은 산책을 할 수 있고 아이들은 마음껏 뛰어놀 수 있으며 달과 별을 감상할 수 있습니다.

큰돔 솔달과 작은돔 토끼집

글램핑을 위해 정다면체로 예쁜 구조물을 두 동을 만들었으나 활용을 하지 못하고 방치되어 썩어가고 있었습니다. 해체되어 장작불 속으로 들어갈 뻔한 위기를 맞았는데 문득 색칠을 하고 보수를 하면 활용할 수 있겠다는 생각이 들었습니다.

그래서 여러 사람이 함께 조심히 들고나와서 손을 보기 시작했습니다. 색칠을 하고, 못질을 하고, 연결구를 달아 완성시켰습니다.

큰돔은 보름달을 닮아서 보름달 형상을 한 소원 솥달을 두었고, 작은돔에는 절구와 방아를 넣고 실제 토끼를 넣어 방아 찧는 토끼가 실감나도록 꾸몄습니다.

작은 소나무 정원

강릉 소나무로 집안에 작은 소나무 정원을 만들어 손님들에게 강릉 솔향을 알리고 싶어서 만든 정원입니다. 소나무는 정원 역할도 하지만 이웃과 울타리 역할도 해주었으며 바비큐를 즐기는 사람들에게 피톤치드까지 선물해줍니다.

바비큐장

유럽에 가면 포럼이라는 광장이 있습니다. 사람들이 광장에 모여 토론하는 모습이 보기에 좋았습니다. 포럼을 보면서 모닥불을 떠올렸습니다. 모닥불은 사람을 모이게 합니다. 포럼과 모닥불을 연결하여 새로운 아이디어를 착안하게 되었습니다. 땅을 파서 빨간 벽돌을 쌓아 둥근 불구덩이를 만들었습니다. 불구덩이를 중심으로 노란색 테이블을 보름달 형상으로 배치했습니다. 고기를 굽고 음식을 나누면서 사람들은 금방 친해졌습니다. 불을 중심으로 한 보름달 배치는 강릉 해품달식 포럼입니다.

달 피는 정원에서 하이라이트는 바비큐장의 캠프파이어입니다. 아이들과 어른이 함께 동참하여 노래를 부르고 달돌이도 합니다.

잔디밭

달빛 정원의 넓은 잔디밭은 펜션의 꽃입니다. 우리나라 펜션은 대부분 실내놀이를 주로 합니다. 그래서 그 반대의 생각을 하게 되었고, 자연과 함께 할 수 있는 펜션을 생각하다가 잔디를 심어 잔디밭을 만들게 되었습니다. 잔디밭은 사람의 마음을 넓게 합니다. 잔디를 심고 가꾸는 일은 쉽지 않지만, 누군가 이런 수고를 해 준다면 더 많은 사람들이 행복할 수 있겠구나 싶은 생각에 시작한 일입니다.

잔디밭에서 야외 결혼식, 돌잔치, 생일잔치, 칠순잔치도 합니다. 어린이집 운동회, 각종 이벤트도 할 수 있습니다. 소풍을 와서 도시락을 먹고 햇빛을 즐길 수 있습니다. 밤에는 돗자리를 깔고 누워 별을 봅니다. 작은 텐트를 치고 놀 수도 있습니다. 겨울에는 눈사람을 만들고 공놀이, 배드민턴도 칠 수 있습니다.

4-3 잔디밭

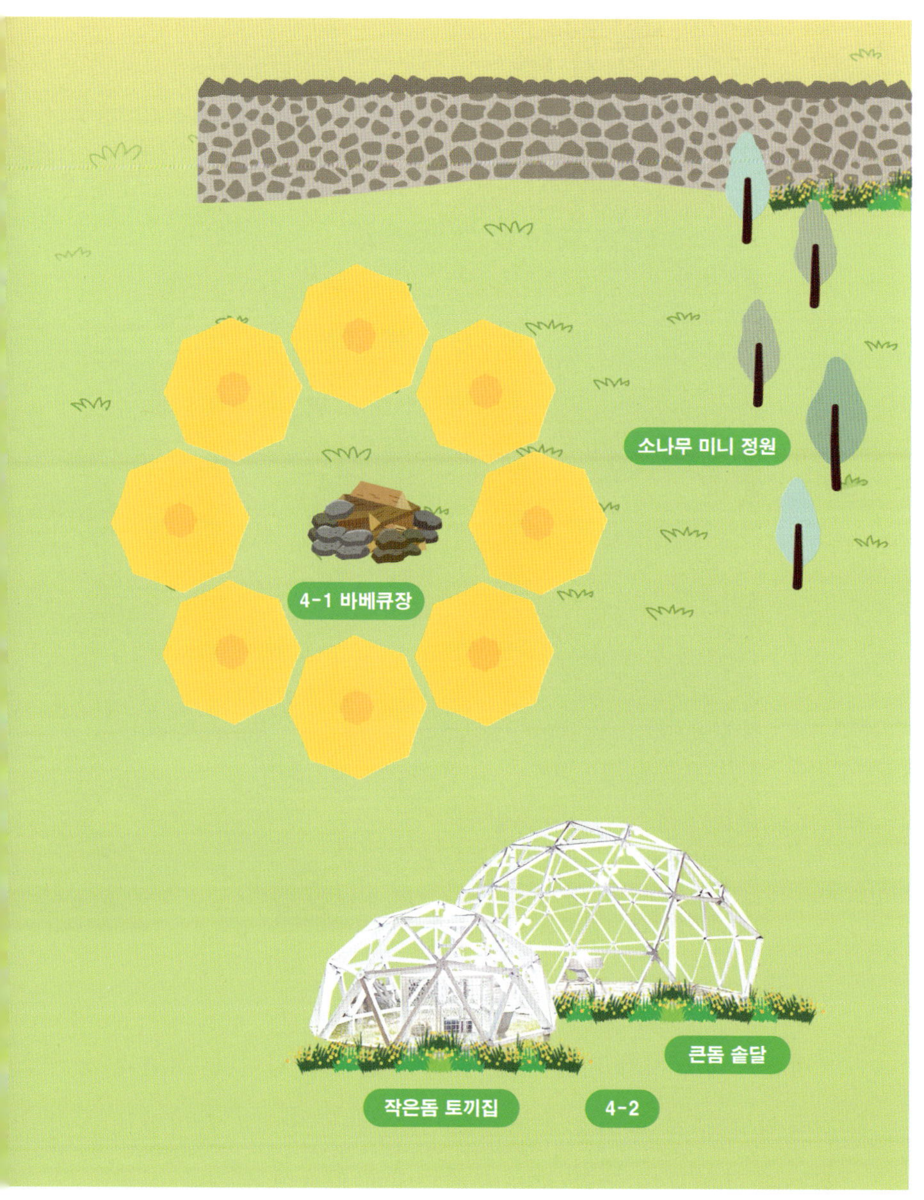

보름달 구역

썸 타는 강둑 :: 강변 구역

풍경그네

펜션에서 경치가 가장 좋은 곳에 있는 그네입니다. 강변과 강둑이 한눈에 들어오고 펜션도 한눈에 들어오고 잔디밭도 한눈에 들어오는 곳입니다. 풍경그네에 앉으면 풍경에 심취

되어서 멍한 모습이 됩니다.

풍경 그네에서 강둑을 바라보면 양귀비꽃, 데이지꽃, 코스모스가 순서대로 피고 집니다. 반대편으로는 수국꽃이 핍니다.

무지개 계단

물과 햇빛이 만나면 무지개가 핍니다. 달빛 정원에서 강변으로 가는 길에 있는 일곱 색의 무지개가 있는 계단입니다.

썸 타는 의자

누구나 연인처럼 썸을 타며 가슴 설레고 웃을 수 있는 파스텔색 의자입니다.

은하수 계단

썸 타는 강둑에서 별이 가장 잘 보이는 곳입니다. 계단 가득 은하수가 있습니다.

야외 공연장 '피아노'

피아노는 강을 바라보는 곳에 있습니다.

이곳은 영화 〈피아노〉에서 바닷가에 놓인 피아노를 치는 여인의 애절하고 아름다운 모습이 연상되는 곳입니다. 그 모습을 떠올리며 모래톱과 물이 보이는 강변에 피아노를 놓았습니다. 누구나 즉석 공연을 할 수 있는 곳입니다.

뗏목

뗏목 타기는 조상들의 삶과 애환을 느낄 수 있는 놀이입니다. 예전에는 한양으로 물자 수송과 소식을 전하던 운송수단입니다. 때때로 주막에 들러 사랑을 실어 나르기도 합니다.

가족, 친구, 연인, 그리고 모르는 사람도 마음만 합친다면 함께 탈 수 있습니다. 지금은 옛 추억이자 강의 역사가 되어 버린 뗏목 체험을 해품달의 강변에서 할 수 있습니다.

강변 구역

별자리 숲속 캠핑장 : 소나무숲 구역

산과 강이 앞마당으로 펼쳐진 수채화 같은 곳, 작은 소나무숲에서 뿜어져 나오는 피톤치드 향기 가득한 곳에 텐트를 치고 누워 낮에는 풍경을 즐기고, 밤에는 쏟아지는 별을 온몸으로 감상할 수 있는 도심 속 무릉도원입니다.

스틸미술관 · 연민

해품달에서 이전에는 잘 사용했으나 더 이상 쓸모가 없어진 물건을 모았습니다. 그중에 스틸로 된 물건들만 모아 깨끗이 씻고 기름칠을 하여 전시했습니다. 버리면 고물이지만, 전시하면 작품입니다. 이야기가 없으면 물건이지만 이야기를 기억해내면 콘텐츠입니다. 작품마다 주인장이 기억하는 이야기는 이 세상에 존재하는 단 하나밖에 없는 소중한 스토리텔링입니다.

스틸 작품명입니다. '사랑의 불판' '사우나 고기' '사다리 타기' '고구마 먹는 기린' '꽃보다 벌'

이상으로 책 타는 마을, 해품달 스토리텔링 즐기기를 모두 마칩니다. 다음 2부에서는 펜션 스토리텔링 속 사람들을 소개하겠습니다.

소나무숲 구역

2부
펜션 스토리텔링 속 사람들

책 모으는 남자

몇 년 전 나는 영국의 어느 마을에 빠져있었습니다. 수만 리 먼 길, 한 남자와 그의 흔적을 좇는 상상으로 흥분되었습니다. 그 남자의 이야기는 간단했지만, 여운은 길었습니다. 남자가 남긴 모든 것들이 나의 인생을 흔들어 놓았습니다. 그 후, 나는 책을 모으기 시작했습니다. 무엇이라도 될 것 같은 생각에 그냥 책을 모으고, 물건을 모으기 시작했습니다. 그로 인해 나의 삶이 달라지기 시작했습니다. 사람들이 묻습니다. 그는 도대체 누구이며 그가 어떠한 사람이냐고.

그는 헌책방을 열어 행복해진 남자입니다. 그는 리차드 부스라 불리는 영국 사람입니다. 그가 맨 처음 한 일은 '헤이'라는 마을, '와이'라는 강이 흐르는 곳에 낡은 성 하나를 산 것입니다. 그리고 책을 사 모았습니다. 세계 어느 곳의 어떤 책이든 가리지 않고 수집하여 진열하기 시작했더니 사람들 사이에 소문이 나기 시작했습니다.

"그곳에 가면 당신이 필요로 하는 책을 만나게 될지도 모릅니다."

그의 행진에 발맞추어 마을에서는 한 집 두 집 헌책방이 생겨났습니다. 몇 년 뒤 마을은 거대한 책방이 되었습니다. 그러자 더 많은 사람들이 모여들기 시작했고 축제가 시작되었습니다. 작가 초청 강연회와 세미나는 기본이고 세계 여러 나라에서 온 사람들을 위한 이벤트도 열렸고 체험 프로그램도 다양합니다. 청소년 영화 만들기, 모빌 만들기, 세상에 하나밖에 없는 꼴라쥬 책 만들기, 인형 만들기, 빛 그림 그리기, 작가와의 만남과 사인회, 인형극 등입니다. 이 마을은 이제 하나의 관광콘텐츠 '헤이 온 와이'로 자리를 잡았습니다.

그의 발자취를 밟을 때마다 내가 사는 강릉시 사천면 해살이 마을을 떠올립니다. 해이라는 마을을 해살이 마을로 상상했고 와이라는 강은 사천강처럼 느껴졌습니다. 나는 다짐했습니다. 영국에 '헤이 온 와이' 마을이 있다면 우리나라에는 '해살이 온 사천'이 있습니다. 리처드 부스가 해냈듯이 나도 해낼 수 있을 것 같았습니다. 나의 겁 없는 용기는 나의 뜨거운 열정을 담보로 일을 저지르기 시작했습니다.

타임머신을 타고 영국에서 돌아온 내가 첫 번째 한 일은 책을 모으는 일이었습니다. 거대한 책시장, 아니 책방, 아니 박물관, 아니 책마을…… 무엇이든 좋다고 생각했습니다.

'책으로 마을의 역사를 만들어 보리라. 책더미에 묻혀 보리라. 책 냄새를 맡으며 질식해도 좋으리라. 그동안 직장 생활로 묶여있었던 내 몸과 마음과 영혼에 자유를 주리라. 읽고 싶었던 책을 실컷 읽으리라.'

버려지고 홀대받는 헌책을 거두어 좋은 대우를 해주고 있는 내 모습을 상상하다 보면 나는 어느덧 책 고아를 돌보는 책마을 원장이 되어 있었습니다. 일 년 내내 사람들이 책을 만나러

오겠지요. 책을 더 많이 사랑해주겠지요. 책과 한 가족이 되겠지요. 이런 상상은 그 자체만으로 나를 행복하게 해 주었습니다. 이것이 내가 책을 모으게 된 이유입니다.

-책 타는 마을, 해품달 대표 신명섭-

책이 걱정되는 여자

'헤이 온 와이' 이야기를 알고 난 뒤, 남편은 헌책이 있는 곳이면 어디든 단숨에 달려갔습니다. 그렇게 헌책은 우리 펜션의 체험장을 모두 차지하고, 잔디밭을 차지하고, 결국 방과 복도까지 점령하였습니다. 매사 '사람보다 책'이었습니다. 우리 집 예쁜 고양이 사랑이와 나비, 귀염둥이 강아지 초코와 파이도 뒷전이 되었습니다. 물론 아내인 저도 책 다음이 된 것 같은 느낌이

들어 섭섭한 적이 많았습니다.

펜션은 점점 책으로 뒤덮여 갔습니다. 빈 공간이 조금이라도 생기면 책으로 채웠습니다. 급기야 마을에 점방을 얻어 그곳에도 모두 책으로 채워나갔습니다. 어느덧 저도 남편의 헌책 사랑에 동참하게 되었습니다. 그런데 남편은 헌책만 모으는 것이 아니라 그 외 물건도 모으기 시작했습니다. 집은 점점 더 좁아졌습니다. 저는 슬슬 걱정이 되었습니다. 책으로 무언가 해야겠는데 어떻게 해야 할지 몰라 막막하기만 했습니다.

그런 어느 날, 뜻이 있는 마을 사람 몇몇이 모였습니다. 우선 책과 마을의 특산품인 한과, 공예품 등으로 무인 점방을 열었습니다. 해살이 마을을 책마을로 만들기 위한 첫 번째 작업이었습니다. 일단 시작점은 찍은 셈입니다. 좋아질 것이라는 기대로 점방 앞을 지날 때마다 행복했습니다. 점방은 조금씩 채워지고 있습니다. 마을 사람들과 학생들의 도움으로 마당에 꽃도 심었습니다. 조금씩 수리도 해나가고 있습니다.

점방에 발맞추어 우리 펜션에 있는 책들도 자리를 찾아주고 싶었습니다. 그런데 특별한 생각이 떠오르지 않아 질서 없이 쌓여있는 거대한 책더미를 볼 때마다 막막했고 걱정이 앞섰던 것도 사실입니다. 제 역할을 못 해내는 책을 보면 안타까워 어떻게라도 하고 싶은 심정이었지만, 도무지 어떻게 해야 좋을지 창의적인 생각은 떠오르지 않았습니다. 책 걱정만 하는 나날이 흐르고 있습니다.

-책 타는 마을, 해품달 안주인 이미숙-

책만 보였던 사람

수백 명의 학생이 졸업식장에 앉아 있습니다. 그런데 내 눈엔 딱 한 사람만 보입니다. 내가 가장 짝사랑하는 사람입니다. 그가 무슨 짓을 해도 나는 이쁘게만 보입니다. 내게 투덜거려도, 짜증을 내도, 눈곱을 떼지 않고 다가와도, 일주일 내내 목욕을 하지 않아도, 내 말을 지독히 안 들어도, 내 마음을 속속들이 아프게 해도 나는 그가 그냥 사랑스럽습니다.

그는 앞으로 어떤 사람이 될까? 나에게 어떤 기쁨을 줄까? 이 사회에 어떤 기여를 할까? 너무나 훌륭하고 멋진 그가 나와 영원히 함께할 것이라는 상상을 하느라 무척 행복합니다. 그래서 내 눈엔 그 외엔 아무것도 보이지 않습니다. 나는 완전히 사랑에 빠졌습니다. 나는 사랑 때문에 눈이 멀었습니다. 그는 나의 아들입니다.

해품달에서 내가 처음 느낀 감정도 이와 같습니다. 해품달에 갔을 때, 내 눈에 보이는 것은 책밖에 없었습니다. 사방이 책이었습니다. 사랑스러웠고 이뻤습니다. 책을 보는 순간, 이 책들에게 어떤 임무를 줄까? 어떤 책이 되도록 해 줄까? 저 책들이 사람들에게 어떤 기쁨을 주게 해 줄까? 이런 상상을 하며 나는 짧은 시간에 책과 사랑에 빠졌습니다. 집으로 돌아와서도 책이 눈에 삼삼했습니다. 그래서 나는 엄청나고 무모한 약속을 하고 말았습니다. "책을 책임지겠습니다"라고 말입니다. 그렇게 해품달과 인연을 맺고 책을 책임지는 일이 시작되었습니다.

되돌아보면, 내가 강릉에 가게 된 것은 관동대학교 관광과 유승동 교수님의 특강 요청으로 관광학부 학생들에게 스토리텔링 강의를 하기 위해서였습니다. 학생들 강의를 마치고 난 다음, 강릉시민을 대상으로 또 한 번, 강의를 하게 되었습니다. 스토리텔링에 관심이 있는 사람들을 만나 기초 이론부터 실전까지 강의를 하게 되었고 실전을 위해 각 사업장을 방문하게 되었지요. 그때 참여한 사업장 대표 중에 한 사람이 '해품달 펜션' 대표님이었습니다.

다른 사업장과 마찬가지로 해품달 펜션을 방문했습니다. 사업장에서 가장 좋은 한 부분을 발견해내고 스토리텔링으로 기획할 수 있도록 코칭해 주는 것이 저의 현장 수업 방식입니다. 해품달 펜션을 방문하던 날은 비가 주룩주룩 내렸습니다. 겨우 비를 피하고 있는 책들이 입구에서부터 도움의 손길을 기다리고 있는 듯, 초췌한 모습으로 나를 맞이했습니다.

펜션의 구석구석에서 손을 내미는 책을 발견했을 때, 태연하게 책을 바라보는 펜션 부부와는 달리 나의 심연에서는 스멀거리며 올라오는 무엇이 있었습니다. 마치 책임져야 할 일을 저지르고 마주 서 있는 연인의 심정이랄까요. 그때 마침, 안주인이 '책을 어떡하면 좋겠느냐'고 말을 걸어옵니다. 나는 이미 책에 빠져있었고, 아무것도 보이지 않았습니다. 그곳에 책 외에도 그렇게 많은 물건들이 있었다는 것은 나중에 안 일이었습니다. 그 일로 인해 나는 완전히 책에 발목이 잡혀 책과의 동거가 시작되었습니다.

그토록 책이 좋았던 적 없었지만, 그토록 책이 원망스러웠던 적도 없었습니다. 사랑이란 그런 것 같습니다. 죽도록 좋으면 죽도록 밉기도 하다는 것을.

-책 타는 마을, 해품달 스토리텔링 기획 작가 주인석-

객관적인 시선 · 주관적인 감상

책으로 마을을 바꾸어보겠다는 신명섭 대표의 꿈을 이루기 위해서는 몇 군데 견학이 필요했습니다. 그렇다고 해서 꼭 책을 콘텐츠로 삼은 곳만 볼 필요는 없습니다. 오히려 그런 곳에 가게 되면 창의적인 발상보다는 모방할 가능성이 높기 때문에 다른 종류의 장소를 견학하는 것이 더 좋을 수 있습니다. 그런 곳에서 객관적으로 볼 줄 아는 눈을 기르는 것이 더 필요합니다. 그래서 몇 곳을 추천해 주고 견학을 해 본 뒤에 꼭 하고 싶다는 마음이 생기면 다시 만나자고 했습니다.

그런데 며칠 뒤, 바로 견학을 가겠다는 연락이 왔습니다. 강릉 출장을 마치고 돌아와 캐리어를 풀지도 못한 상태에서 다시 그들의 견학에 동행하게 되었습니다. 견학 장소가 우리 집과 멀지 않은 도시에 있었기 때문이기도 했지만, 그들의 열정에 감복했다는 것이 더 솔직한 심정입니다.

견학 장소는 경주 '달동네', 대구 '마비정'과 '김광석 거리'였습니다. 세 곳 중에서 달동네를 먼저 보기로 했습니다. 이곳의 정식 명칭은 '근대사 박물관'으로 근현대에 이르는 생활용품을 모두 모아놓았습니다. 애칭으로 불리는 달동네는 말 그대로 달이 잘 보일 듯한 산 아래에 오밀조밀 모여 있는 동네입니다. 합판으로 만들어진 작은 집들은 1960년대 경주의 핵심 장소를 떠올리게 합니다. 경주역 파출소, 한의원, 빵집, 문방구, 학교와 같은 곳이 있어서 중년들에게는 추억을 떠올리기 좋은 장소이고 청년들은 경험해보지 못한 신기함에 사진 찍기 좋은 곳입니다. 보기에 따라서는 반나절이 걸릴 수도 있지만 한 시간 안에 돌아볼 수 있는 짧은 동선 안에 수많은 볼거리가 있습니다.

달동네를 견학하도록 한 것은 관광객이 많이 온다는 이유 때문만이 아닙니다. 달동네 창업주와 해품달 대표가 닮은 점이 있기 때문입니다. 두 사람 모두 수집광이라는 점입니다. 어떤 핵심 주제는 갖고 있지는 않았지만 '좋아 보이는 것'을 모으는 것이 취미였습니다. 달동네는 인간 생활사에 쓰이던 물건이 많았다면 해품달에는 책이 많습니다. 그래서 달동네는 박물관이라는 정식 명칭이 따로 있는 것입니다.

그런데 박물관이라는 이름을 고집했더라면 상황은 많이 달랐을지 모릅니다. 달동네라는 애칭이 관광객의 감성을 건드린 것은 분명해 보입니다. 이름이 가지는 힘이 상당하기 때문에 콘텐츠 기획에서 이름을 두고 많은 고민을 하게 됩니다. 해품달 역시 책이 많아서 책이 주제가 된다고 해서 책방이나 도서관이라는 이름을 사용한다면 어느 곳에나 있는 평범하고 식상한 이미지를 벗어나지 못할 것입니다.

달동네는 박물관으로서의 역할이 크기 때문에 고물상처럼 모아둔 많은 물건들에게 제각각 역할을 주기가 쉬웠을지 모릅니다. 그러나 해품달은 그 부분에 대해서 많은 고민이 필요합니다. 달동네 견학에서 신명섭 대표가 그 부분을 읽어낼 수 있기를 기대했습니다. 해품달은 박물관이 아니니까요. 무엇을 취하고 무엇을 버려야 할지를 명확하게 할 수 있다면 해품달 기획은 좀 더 쉬워질 것입니다. 흔들리지 않는 중심을 가지고 해품달은 무엇을 주제로 할 것인지 객관적인 시선을 가져주길 바랐습니다.

달동네를 견학하면서 신명섭 대표는 무엇에 마음을 빼앗겼는지 계속 신나 보였고, 아내 이미숙 씨는 체험 프로그램에 관심을 많이 보였습니다. 내 생각과 기획이 그들의 생각과 일치하기를 속으로 바라고 있었습니다. 혹시라도 신명섭 대표가 해품달에 수집해둔 모든 물건이 스토리텔링에 쓰일 것이라고는 믿는 건 아니겠지요.

다음으로 간 곳은 '마비정'이었습니다. 마비정은 한 사람의 생각이 마을 하나를 완전히 바꾸어 놓은 곳입니다. 신명섭 대표 역시 해살이 마을을 책마을로 만들어보겠다는 꿈을 가지고 있었기 때문에 마비정 견학이 의미 있을 것이라고 생각했습니다.

마비정은 대구 시내에서 좀 떨어진 외진 마을입니다. 이 마을에 벽화를 그린 사람은 이재도 작가입니다. 마을 입구 담에서부터 시작된 벽화는 작은 돌, 전봇대까지도 빼놓지 않고 그림을 그려놓았습니다. 소소한 그림, 웃음이 나는 그림, 감성과 공감을 불러일으키는 그림으로 기획된 마을은 하나의 거대한 미술작품이 되었습니다. 그림으로 출발하여 주민들이 한 마음이 되어 참여하기까지 꽤 많은 시간과 작가의 물리적 정신적 수고가 녹아있다는 것을 느낄 수 있는 곳입니다.

이곳을 견학하고 나면 한 사람의 힘이 한 마을을 바꿀 수 있다는 용기가 생기고 희망을 가질 수 있습니다. 이곳이 그림으로 생성되고 변화되어 오늘과 미래에 마을의 역사로 남아있

듯이 시작은 티끌 같더라도 시작만 한다면 과정과 결과는 예상보다 훨씬 훌륭할 수 있다는 것을 느끼도록 해주고 싶었습니다.

신명섭 대표 부부가 가장 좋아했던 곳은 역시 체험장이었습니다. 맷돌로 커피를 갈아 직접 추출해 마시는 체험이었습니다. 함께 커피를 갈면서 대화를 나누는 시간은 생각보다 우리에게 행복을 주었습니다. 바리스타가 주는 커피 한잔보다 맷돌 커피는 훨씬 낭만적입니다. 커피콩을 맷돌에 넣고, 천천히 갈면서 커피 향을 먼저 마십니다. 크레마 가득한 커피 맛을 음악으로 표현하라면 베토벤 월광 소나타 1악장 같은 달빛 맛이 나고, 책이라면 고전 같은 깊은 맛이 입안 가득 여운으로 남습니다. 우리는 이런 맛과 서정에 함께 휩싸였습니다.

마을을 내려오면서 작가를 잠시 만나 그간 작업의 과정을 들을 수 있었습니다. 작품이 작가를 대변한다는 말을 증명이라도 하듯이 작가는 황토색을 닮아 수수하고 구수하였으며 유머가 풍부한 분이었습니다. 한마디로 모자라지도 넘치지도 않으면서 깔끔하나 정이 넘치는 소담스러운 '마을' 같은 분이었습니다.

동네는 어째서 동네이고 마을은 어째서 마을인지 감각으로 알아챌 수 있는 견학이 되길 바랐습니다. 어감 하나에서도 많은 감정이 생기기도 하고 사라지기도 하니까요. 동네는 지리적 공동체 느낌이 난다면 마을은 심리적 공동체의 느낌이 납니다. 그래서 '마실 간다'는 말은 있어도 '동네 간다'는 말은 없는 것 같습니다. 신명섭 대표가 사는 곳도 해살이 동네가 아닌 해살이 마을이 되기를 기대해 봅니다.

마을을 뒤로하고 우리는 '김광석 거리'로 갔습니다. 앞서 본 달동네는 생활사 옛날 물건이 주 콘텐츠이고 마비정은 벽화가 주 콘텐츠라면 김광석 거리는 가수였던 김광석이라는 사람이 콘텐츠입니다. 그의 흔적을 벽화로 남기기 위해 많은 사람들이 기획에 참여하고 거리를 만들게 되었습니다. 짧은 거리이지만 많은 감정이 일어나는 것은 벽화 외에 음악이 있기 때문입니다. 그의 음악이 그림을 돋보이게 합니다. 그는 없지만, 그의 음악은 영원히 존재할 것입니다. 공간에서 존재를 느낀다는 것은 굉장한 경험이라 할 수 있습니다. 신명섭 대표 부부가 알아챘으면 하는 부분이 바로 그런 것입니다. 무엇과 무엇의 조합이 또 다른 감정을 만들어낸다는 것을 배우기 위해 이곳을 견학시켰던 것입니다.

아마도 해품달의 책과 어떤 조합이 새로운 콘텐츠를 만들어낼 것이고 사람들은 그것을 경험하고 즐기기 위해 해품달로 모여들 것입니다. 강릉에서 가장 신선한 콘텐츠를 만들어 낼 수 있는 힘을 가지고 있을 분들이라고 믿었습니다. 옛날 음악과 분위기에 빠져 있는 신명섭 대표와 이미숙 님이 김광석 거리에서 느낀 점은 많았을 것입니다.

어떤 콘텐츠를 볼 때, 감상은 주관적이지만 평가는 객관적이어야 합니다. 우수한 대상을 모델로 삼아 벤치마킹(benchmarking)할 때는 차이를 비교하여 장단점을 파악할 줄 알고, 창의성을 발견하는 눈을 뜨고, 변화와 새로움에 주저하지 말아야 합니다. 그러기 위해서 메모는 총알이 될 것이고 사진은 총이 될 것입니다. 메모할 때는 현장에 바로 적용할 수 있는 생각까지 포함합니다. 사진은 가장 이상적인 형태로 현장을 내 손안에 넣을 수 있기 때문에 해부하듯이 세부적으로 찍는 것이 중요합니다. 기록된 자료만큼 좋은 뇌는 없거든요.

열정에 불타서 그런지 신명섭 대표 부부는 열심히 사진 찍고 기록을 합니다. 보기에 좋았습니다. 다음 글은 견학 후에 두 분이 남긴 감상평입니다.

해품달 안주인 이미숙입니다.

첫 번째 견학 장소는 '경주 달동네'였어요. 달동네에서 과거로 들어가는 나의 모습을 보았어요. 소달구지를 보며 시골 동네를 생각했는데 갑자기 헐크와 스파이더맨이 나타나서 확,

깨는 느낌도 받았지요. 그래서 그냥 웃었어요. 아마도 주인장의 성격이 아닐까 싶었습니다.

입구에 있는 달고나 체험을 시작으로 뽑기, 약방, 다방, 파출소, 정미소 등등 옛사람의 생활을 한눈에 보면서 그들의 순박함, 행복함, 사이좋은 모습들이 부럽게 느껴졌어요. 모형에서도 옛 향기와 노고의 감정을 오롯이 느낄 수 있다니 신기했어요.

모두 돌아보고 난 뒤에 달동네 주인장을 만났어요. 달동네가 조성되기까지 어려움과 뿌듯함이 폭포수처럼 쏟아졌는데요. 그 말들 사이로 우리 해품달이 자꾸만 아른거렸어요. 우리는 도대체 어떻게 기획을 하고 작업을 해야 할지 고민만 더 많아졌어요. 생각이 많으면 배가 산으로 간다고 했던가요? 볼수록 해답에 가까워지기는커녕 막막했답니다. 달동네가 생기기까지 기여했던 모든 분들이 존경스러웠어요. 앞서가는 욕심을 꾸역꾸역 따라가는 제 모습이 보였어요.

두 번째 견학 장소는 '대구 마비정 벽화마을'이에요. 돌담길이 우리를 먼저 반기는 곳이었어요. 그다음 옹기종기 모인 집들이 우리를 환영하는 것 같았어요. 어린 시절이 단번에 떠올랐어요. 친구, 연인, 가족들과 함께 손을 꼭 잡고 걸어보고 싶은 마을이었어요. 가슴속에 수많은 추억을 만들 수 있을 것 같은 곳이었어요.

마비정 벽화마을이 있기까지 숨은 1등 공신이 있었어요. 마비정 마을을 사랑하는 그림 작가 이재도 선생님입니다. 고향이었던 이곳에 애정을 가지고 밤낮으로 그림을 그렸답니다. 그의 열정과 붓 터치 하나하나가 만들어낸 마을에 저는 감동하고 말았어요. 시작은 한 점이었을지 모르지만, 지금은 어마어마한 작품이 되어 있었으니까요.

마을을 돌아볼수록 작가님이 궁금해서 견딜 수가 없었어요. 몇 번의 시도 끝에 겨우 작가님을 만날 수 있었고, 이런저런 이야기를 들을 수 있었어요. 놀랍고 존경스러운 마음이 생길 때마다 저는 해품달을 생각했어요.

이재도 선생님의 벽화로 이 작은 마을을 세상에 크게 알렸듯이 우리 해품달도 무언가로 의미 있는 알림을 주고 싶었어요. 해품달이 가진 많은 물건과 책으로 우린 무언가 해야 했어요. 두 곳을 견학하고 나서 저는 이전보다 더 마음에 불꽃이 활활 타올랐어요. 해낼 수 있을 것 같았어요.

해품달 대표 신명섭입니다.

마비정 이야기를 조금만 덧붙이겠습니다. 마비정 벽화마을에 도착했을 때, 바로 눈에 들어오는 것은 돌담과 벽화였습니다. 샌드위치 패널로 만든 벽화 그리고 돌담이 가성비 최고라는 생각이 들었습니다.

더 특이했던 건, 작은 마을의 작은 집들마다 특산품을 내놓고 무인 점방을 하고 있다는 것이다. 마을의 모든 분들이 동참하고 있다는 것이 부럽고 감동적이었다. 이 순간, 나는 내가 살고 있는 해살이 마을, 그리고 무인 점방이 떠올랐습니다. 우리는 책과 한과, 공예 정도로 꾸며졌지만 언젠가는 이 마을처럼 모두 집집마다 책으로 사람을 불러 모으는 날이 올 것이라 기대해 봅니다.

체험장에서 만난 '맷돌 커피'는 재미와 흥미 그리고 낭만까지 선사해주었습니다. 또다시 우리 마을과 해품달을 생각해 봅니다. 사랑하는 사람들이 맷돌로 커피를 갈아서 내려 마시며 책을 볼 때, 사랑에 취하고, 향에 취하고, 책에 취하는 상상을 해보았습니다. 황토색을 주로 사용하여 그려진 벽화와 옛 그림들 속에서 서민들의 해악과 심상을 읽으며 즐거워할 수 있도록 기획한 분께 마음속으로 박수를 보내며 대구 '김광석 거리'로 발길을 돌렸습니다.

350m의 짧은 거리엔 벽화가 가득했고 반대편은 음식점과 각종 상점이 있었습니다. 월요일이라 그런지 한산했습니다. 그 시절을 겪어본 사람이라 그런지 옛 추억이 단비를 맞고 일어서는 새싹처럼 하나씩 돋아났습니다.

김광석과 관련된 그림과 의자, 오토바이, 기타 같은 콘텐츠를 보며 '나도 여기 기대어 쉬고 싶다'라는 생각이 들었습니다. 김광석 거리는 화려하지는 않아도 위로와 희망을 주는 거리로 표현하려고 애쓴 흔적이 보였습니다. 그가 들려주는 노래에 소주 한 잔 기울이고 싶은 마음이 울컥 올라오는 거리였습니다. 기회가 된다면 밤거리도 한 번 걸어보고 차이를 느껴보고 싶습니다. 젊은이를 위한 버스킹 공간과 포토존까지 김광석 거리를 기획한 모든 분께 박수를 보내고 싶었습니다.

뜻이 비슷한 곳을 찾아 견학하면서 이런 생각이 들었습니다. 보기에는 쉬울지 모르는 콘텐츠 테마들이 기획하기에는 결코, 쉽지 않다는 것을 느꼈습니다. 그렇지만 우리 주인석 선생님과 함께라면 어려울 것이 없겠다는 믿음을 가지게 되었습니다. 왜냐하면, 일반인과 다른 생각, 이를테면 평범함 속에 엉뚱한 생각을 잘하는 사람이기 때문입니다. 그래서 견학을 모두 마치면서 내 마음에 남는 한마디는 '선생님을 믿고 함께 가자'였습니다.

이상은 신명섭 · 이미숙 대표님이 직접 말씀해 주신 내용입니다.

두 분은 많은 콘텐츠를 주관적으로 감상하셨지만, 시선이 객관적으로 성장하였다는 것을 함께 토론하면서 느낄 수 있었습니다. 많이 보고 많이 생각한 만큼 새로운 콘텐츠로 융합, 창조할 힘이 생깁니다. 두 분과 나눈 이야기들은 펜션 스토리텔링에 좋은 자료가 될 것입니다.

스토리텔링에 대한 출발이 좋았기 때문에 과정이 힘들어도 잘 이겨낼 수 있을 것이라 믿으며 3부에서는 스토리텔링 작업 과정을 간단하게 소개해 드리겠습니다.

3부

펜션 스토리텔링 작업 과정

현실에 눈을 뜨다

옛 모습

세상에 하찮은 것은 하나도 없습니다. 그런 사람도 그런 물건도 없습니다. 그러나 적재적소에 있지 않으면 무용지물이 될 수도 있고 심지어 쓰레기 취급을 받을 수도 있습니다. 그래서 현명한 취사선택이 필요합니다. 하나씩 모으기 시작한 물건은 어느새 집을 가득 메우고 안방까지 잠식할지 모릅니다.

해품달 펜션에는 책이 제일 많습니다. 그리고 다양한 물건들이 참 많았습니다. 책과 물건을 수집하는 것은 신명섭 대표의 취미였습니다. 책을 읽고, 토론하는 것을 좋아해서 책을 모으기 시작했습니다. 아이들을 데리고 펜션에 오는 손님들에게 자연스럽게 책을 접할 기회를 만들어 주고 싶다는 생각만 가득했습니다. 생각은 자꾸만 커져서 책뿐만 아니라 책에 관

현재

련된 모든 것들, 많은 물건들이 쌓이기 시작했고, 저를 만날 즈음에는 책이 안방까지 잠식된 상태였습니다.

책만 보고 간 크게 덤벼들었던 제가 슬슬 눈을 뜨기 시작했습니다. 책은 뒤로 밀려나고 펜션에 있는 물건을 먼저 정리해야 한다는 것을 깨닫게 되었습니다. 계획했던 작업 기간은 두 배로 늘어나게 되었습니다. 정리하면서 버려야 할 물건이나 나눠야 할 물건이 집에 남겨두어야 할 물건보다 훨씬 많았고 그런 과정에서 마찰도 많았습니다.

주인의 입장에서는 하나하나가 소중한 재산이었을 것입니다. 그렇지만 펜션에 필요 없는 물건은 버리거나 나누어주고 공간을 비우는 것이 최고 인테리어이며 테마 펜션 스토리텔링의 기본이라는 것을 설득해야 했습니다.

책이라는 테마를 가지고 전체 기획을 하여 각각 알맞은 콘텐츠를 생성하고 스토리 작업을 하기에도 빠듯한 시간에 '설득'이라는 새로운 과제가 제 앞에 버티고 있는 상황이었습니다. 스토리를 창작하거나 콘텐츠 연구보다는 일단 '정리부터

합시다'라는 말로 펜션 스토리텔링을 시작했습니다.

두 달 이상, 주제와 관련이 없는 물건을 모두 정리했습니다. 소중하게 여겨서 모았던 물건들은 긴 시간 창고 속에서 낡고, 유행이 지나고, 쓸모가 없어진 것들이 대부분이어서 버려야만 했습니다. 1톤 트럭으로 40번 실어냈고 처리 비용은 6백만 원 정도 들었습니다.

우리는 정리 작업을 통해 '쓸모'라는 것에 대해 자주 생각하게 되었습니다. 참 좋은 어떤 것도 꼭 필요한 곳에 있지 않을 때는 '쓸모'라는 말 뒤에 '없다'가 붙을 수도 있기 때문입니다.

현재

옛 모습

현재

펜션 옛모습

펜션 옛모습-현관

카페 옛모습

카페 옛모습

책 작업

해품달 대표가 소장하고 있는 책은 전체 4만 권인데 그중 펜션에 2만 권 정도 전시되어 있습니다. 책은 서점에서 구입한 것, 당근마켓에서 사 모은 것, 헌책방에서 사들인 것 외에 기부받은 것도 있습니다. 강릉에서 책을 좋아하는 사람들이 모여서 만든 독서토론회에서 읽은 책들은 거의 신간들입니다.

책은 10여 년 전부터 조금씩 모으다가 영국 '헤이 온 와이 마을'에 대한 정보를 듣고 나서 그때부터 본격적으로 모으기 시작했습니다. 체험장, 부엌, 집안, 펜션 입구, 비닐하우스 등

등 비를 피할 수 있는 곳에는 모두 책이 쌓여있었습니다. 곳곳에 흩어진 책을 한곳으로 모으는 작업부터 시작했습니다. 치우고 또 치워도 책은 쏟아져 나왔습니다. 해품달에서 가장 큰 체험장은 책으로 빽빽하게 채워졌습니다. 해품달은 거대한 화수분이었습니다.

펜션으로 들어오는 입구에는 마음대로 자란 매실나무가 울창한 숲을 이루어 있었습니다. 매실나무 뒤쪽 담벼락에는 철제로 뼈대를 세워 얼키설키 지붕만 덮은 헛간 같은 가설 건축물 집에 수천 권의 책이 비만 피한 채 쌓여있었습니다. 체험장은 더 이상 책이 들어갈 곳이 없었기 때문에 이 책들은 마을 점방의 창고로 옮겨져야 했습니다. 가장 어려웠던 작업이었습니다.

그럼에도 불구하고 책을 옮기기 위해 신명섭 대표와 함께 독서토론을 하는 회원 이미옥 선생님과 조카, 박용정 선생님과 자제분이 도와주셨습니다. 책은 보이는 것보다 훨씬 많았고 무거웠습니다. 그보다 더 힘들었던 것은 책을 들어내는 우리를 침입자로 알고 무작위로 공격하는 모기와 각종 벌레들이었습니다. 물파스와 에프킬라로 방어해 보았지만 역부족이었습니다. 팔다리를 긁어가며 콩죽 같은 땀을 흘리면서도 함

께 웃을 수 있었던 것은 책을 모으는 신명섭 대표의 선한 의도가 좋았다는 것에 모두 동의했기 때문입니다.

그다음 어려웠던 곳은 펜션 객실 복도와 계단에 쌓인 책입니다. 한 사람이 겨우 빠져나갈 공간 외엔 복도 양쪽과 계단이 모두 책이었습니다. 주객이 전도된 듯한 느낌으로 답답하게 느껴졌지만, 늘 보는 사람은 익숙해져 있을지도 모릅니다. 그래서 안주인 이미숙 님께 물어봤습니다.

"안방은 무사한지요?"

"선생님, 무사할 리가 없지요. 사실 저도 답답했어요. 그렇지만 남편이 책을 좋아하고, 수집하고 싶어 하고, 집에 소장하길 좋아하니, 그것이 소원이라는데요. 죽은 사람 소원도 들어준다는데 산사람 소원 못 들어주겠나 하고 마음을 바꿔먹고 하고 싶은 대로 하라고 했더니 책이 안방까지 들어왔어요. 하하!"

"아고! 저런!"

"이제 책들이 제자리를 찾고, 펜션이 숨 쉴 공간이 생긴다니 너무 좋아요."

해맑게 웃는 안주인의 모습을 보니 책은 무거워도 마음은 가벼워졌습니다. 복도와 계단의 책을 옮길 때는 강릉 마실와 대표 김남희 선생님, 임지현 선생님, 강상윤 선생님께서 도와주셨습니다. 두 분 여선생님은 수업을 마치고 바로 도왔기 때문에 원피스를 입고 책노가다(?)를 하게 되었는데 무척 미안하고 고마웠습니다. 그 외에도 책은 구석구석에서 발견되었습니다.

그토록 책이 좋아서 시작된 일이었지만 책을 슬슬 피하는 날도 있었습니다. 그렇지만 신명섭 대표와 이미숙 님은 날마다 싱글벙글, 무슨 신내림을 받은 듯 즐겁게 일을 해냈습니다. 한곳으로 모아둔 책을 가장 잘 어울리는 곳에 재배치하는 것이 모으는 일보다 훨씬 많은 생각을 하게 했습니다. 이 세상에 태어난 책이 '쓸모없는 책'이 되지 않고, '있으나 마나 한 책'이 되지 않고 '꼭 필요한 책'이 되도록 스토리텔링해야 합니다. 그것이 해품달에서 우리가 해야 할 첫 번째 숙제였습니다. 이미 존재하는 그런 책방과는 음과 색을 달리하는 것이 우리의 바람이었습니다.

해품달의 책은 '읽어야 한다'는 의무보다는 '친해지게 한다'는 유희입니다. 어른 아이 할 것 없이 누구에게든 책은 따뜻한 밥과 같은 편안함, 한 잔 차와 같은 여유로움, 놀이와 같은 즐거움을 느낄 수 있는 책의 공간으로 만들고 싶었습니다.

사각의 공간에서 책을 벗어나게 할 방법은 무엇일까?

책도 자유를 누리게 할 수는 없을까?

책과 함께 우리도 즐겁고 행복할 수는 없을까?

많은 생각의 결과 해품달의 야외 공간은 자동차와 원두막 형태로 정비되었습니다. 책은 다시 분류되어 '읽지마 책방' '호두막' '어린 왕자 버스' '빨강머리 앤 버스' '작가의 방' '사랑막' '원두막' '꼬마막' 그 외 공간으로 재배치되었습니다. 자동차가 책방으로 재탄생되기까지 작업 과정은 너무나 방대합니다. 작업을 한 우리들 입장에서는 소중한 자료이고 기억이지만, 내용이 길어지면 지루할 수도 있겠다 싶은 생각에 자세한 작업 내용은 신명섭 대표님의 일기장에 남겨둔 채, 간략하게 소개를 드리고자 합니다.

자동차 작업

책이 잘 보관되고 책을 즐길 수 있는 공간을 마련하는 것이 급선무였습니다. 그래서 컨테이너도 생각했고, 오두막도 생각했습니다. 그런데 신명섭 대표는 야외 간이 책방처럼 지붕 아래 책꽂이만 있는 집도 좋다고 했습니다. 누구든 와서 마음껏 읽고, 가능하다면 책을 가져가도 좋다고 했습니다.

그러던 어느 날, 그는 자동차 정비를 하러 갔다가 문득, 정말 순간적으로 책을 보관할 공간이 버스처럼 큰 공간이면 좋겠다는 생각을 했답니다. 그래서 정비소 주인에게 버스와 같은 그런 공간이 없겠느냐고 물었는데 선뜻 폐차장을 소개해 주더랍니다. 그의 생각을 듣고 '버스?' 엉뚱하지만 참 신선하다

는 생각이 들어서 버스로 책방을 만드는 것에 동의한다고 말했습니다.

그는 곧바로 소개받은 폐차장으로 갔으나 냉대를 받았답니다.

버스를 사겠다는 신명섭 대표의 말에 폐차장 주인은 의아스러워했답니다.

"두 동강 난 버스를 어디에 쓰시려고요?"

"버스를 책방으로 쓰려고 합니다."

"네? 그게 말이 됩니까?"

"정말인데요. 한 번도 버스를 못 타 본 책들에게 버스를 태워줄까 합니다."

평소 농담을 잘하는 신명섭 대표의 능청스러운 말에 폐차장 주인은 장난인 줄 알고 버스를 팔지 않으려고 했습니다. 이 때문에 그는 폐차장 주인을 여러 번 찾아가서 진심을 보이는 수고를 해야 했습니다. 한 달의 설득 끝에 겨우 동강이 난 버스를 구입할 수 있었습니다.

33인승 버스 한 대(현, 빨강머리 앤 버스)가 들어오고, 그다음에 50년 된 미국 스쿨버스(현, 방아 찧는 토끼 버스)를 개인적으로 구입하였고, 33인승 버스 한 대(현, 어린 왕자 버스)가 마지막으로 들어왔습니다. 펜션으로 들어오는 골목길이 좁아서 버스가 들어오기에는 무리가 있었습니다.

여러 번의 답사 후에 레커와 포클레인으로 수송하게 되었는데 두 동강 난 버스 여기저기가 긁히고 찌그러졌습니다. 어느 곳에 배치를 해야 할지 정해지지 않은 상태에서 두 동강 난 버스는 용접되고 책방으로 거듭나기까지 꽤 오랜 시간을 기다려야 했습니다.

버스를 책방으로 꾸미기 위해서 의자를 뜯어냈는데 이웃에 사는 고물상 어르신이 도와주셨습니다. 의자 작업이 끝나자 버스를 강이 잘 보이는 곳으로 이동하기 위해 땅을 고르게 만들었습니다. 버스가 앉을자리를 만들어놓고 옮기는 과정에 10년 동안 키웠던 고운 잔디가 모두 뭉개지는 사고가 났고, 신명섭 대표는 그 사건을 가장 가슴 아파했습니다.

세 대의 버스가 넓은 잔디밭을 향해 앉았습니다. 버스 안으로 들어가면 해품달을 휘감아 돌아가는 시원한 강이 보입니다. 버스가 자리를 잡기까지는 말도 많고 탈도 많았지만, 막상 자리를 잡고 나니 반 일은 한 것 같아서 뿌듯했습니다.

버스 안을 편백나무로 리모델링하고 책을 넣으며 날마다 행복한 상상을 하느라 일이 힘든 줄도 몰랐습니다.

입구 야외미술관 뜨락 작업

옛 모습

매실나무

뜨락 작업을 위해 열 그루의 매실나무가 제거되었습니다. 주인장이 없는 사이 안주인의 허락으로 작업을 했으나 톱이 잘 들어가지 않아서 쩔쩔매다가 엔진톱을 가지고 있는 이웃집 형님께 부탁을 드렸습니다. 형님은 2시간 동안 작업을 해 주셨습니다.

잘려나간 매실나무를 본 주인장은 무척 화가 난 듯 보였습니다. 우리는 침묵의 시간을 꽤 오래 보냈습니다. 나무는 모닥불의 장작으로 사용될 예정이었고 모든 작업을 완성하기까지 꼬박 이틀이 걸렸습니다.

옛 모습

옛모습

철재 책방

3×15m의 가설물 철재 책방과 3×6m의 온실 책방의 책은 무인 점방으로 옮기는데, 하루가 걸렸습니다. 3×15m의 가설물은 고철 작업을 하는 할아버지(85), 할머니(75) 두 분이 철거해가셨지만, 연장이 좋지 않고 기력이 없어서 예정일보다

훨씬 오래 걸려 3일이 소요되었습니다. 어르신들에게 간식을 잘 챙겨드린 안주인이 인사를 들었습니다. 나머지 3×6m 가설물은 고물장사를 하는 할아버지 혼자 하루 만에 작업을 잘해주셨습니다. 이분이 빨강머리 앤과 어린 왕자 버스의 의자도 모두 제거해주셨습니다

현재

잔디 식재

잔디는 장성에서 40×60m짜리 3,800장을 구매했습니다. 뜨락에 4백 장을 심었는데 이웃집 어머니, 주인장 부부, 동생 부부가 3일 동안 작업했습니다. 시월 중순이라 잔디가 죽지 않도록 무척 애를 썼습니다.

아스팔트 공사

기존에 시멘트 도로였던 것을 96톤의 아스팔트로 바꾸었습니다. 대행업체에 맡겨 8명이 하루 동안 작업했습니다. 아스팔트 작업은 해품달이 입구부터 펜션을 지나 풍경 그네까지 동서로 시원하게 뚫어 좋은 기운이 펜션 안으로 들어오길 바라는 작업이었습니다. 아스팔트 작업이 끝나고 주차선을 도로의 한쪽으로 그어 차가 펜션을 가리는 일은 없도록 했습니다.

꿈 피라미드

비를 맞았거나 상태가 좋지 않은 책을 선별하여 책을 모았습니다. 빨간 벽돌로 기초를 다지고 목공 작업으로 피라미드 형태를 잡았습니다. 3천 권의 책을 쌓아 기적의 3m 65cm 책 피라미드를 완성하는데 하루가 소요되었고, 바람과 눈 때문에 몇 번 더 수정을 하였습니다. 그 외 크리스마스트리와 미니 책트리, 시래기 트리, 적벽돌 트리로 크리스마스에 펜션을 찾는 손님 맞을 준비를 했습니다.

돌담

뜨락 작업 중 이웃집과의 경계 충돌이 일어난 것은 이웃집에서 기존 돌담을 인정하지 않아서입니다. 이웃집에서 측량 의뢰로 뜨락 작업은 측량을 할 때까지 중지되었습니다. 전체 경계측량 결과 돌담은 기존 돌담의 경계가 맞았습니다. 나머지 부분에서는 더 많은 땅을 찾게 되었고 더 이상의 분쟁은 없어졌습니다.

이웃집에서 돌담 문제를 제기했던 것은 매실나무가 제거되면서 이웃집의 뒤뜰 풍경이 사라진 것, 야외 책방이 사라지면서 해품달 뜨락의 땅이 기존보다 두 세배는 넓어 보였기 때문에 오해가 있었던 것 같습니다.

이웃집 입장에서는 풍경이 아쉬울지라도 측량을 통해 매실나무와 책방은 해품달 소유의 재산임이 분명해졌습니다.

후에 돌담 쌓는 과정에서 또 다른 문제가 발생했습니다. 주인장 부부가 대구로 콘텐츠 견학을 간 사이 해품달의 돌담에서 뺀 돌이 모두 이웃집의 폭포 담벼락으로 가버리고 해품달의 뜨락에는 온통 흙담이 산성처럼 쌓여있었습니다.

토성과 같은 담을 보고 너무 놀라서 기획자인 저로서는 할 말이 잃었던 기억이 납니다.

돌담으로 더 이상 왈가왈부 언쟁을 하기 싫었기 때문에 남은 잔돌을 이용해서 소담스러운 돌담을 쌓기로 했습니다. 이웃집에서 미안해하며 포클레인 1대와 외국인 인부 한 사람을 보내줬습니다. 하루 종일 작업을 했지만 2m도 못 했을 뿐만 아니라 돌담이 아닌 돌무더기가 되어버렸습니다.

"미안하지만 모두 해체해야겠습니다."

주인장 부부가 힘들어했지만, 다시 해체하고 예쁜 돌담을 쌓아야만 한다고 설득한 끝에 우리는 우리 손으로 직접 돌담을 쌓게 되었습니다.

해품달 앞집에 사는 옥경 어머니, 주인장 부부, 주인장 동생, 진혁 씨와 함께 3일 내내 돌과 씨름을 했습니다. 돌이 그렇게 무거운 줄 몰랐습니다.

일할 줄 모르는 저도 거들다가 새끼손가락이 돌에 끼어 일주일 넘게 고생했으나 다른 분들이 저보다 더 고생했고 뽀빠이 포클레인과 주인장께서 가장 많이 고생하셨기에 저는 입도 벙긋 못했습니다. 과정은 힘들어도 결과는 너무나 예뻐진 돌담입니다. 착한 사람들의 승리라고 해두겠습니다.

다 만들고 보니 지대가 낮은 이웃집의 담은 폭포형이 좋고, 해품달의 담은 오밀조밀한 돌담이 더 잘 어울립니다. 양쪽 집 모두 아름다워졌습니다.

비 온 뒤에 굳어진 땅이라고 할까요.

서로가 기분이 좋아져서 이제는 하나의 추억담이 되었습니다.

옛 모습

읽지마 책방

비닐하우스로 된 책방에는 3만 권 가까운 책과 책장 40개가 있었습니다. 바닥 매트와 벽, 내부를 모두 비우고 청소하는데 한 달이 소요되었습니다. 모두 비운 다음 책장을 짜 넣고 천장에는 연을 달아 꾸미고 시청각 교육과 체험을 할 수 있는 테이블도 준비했습니다.

책장

12m 길이 책장 6개를 만드는데 5일이 소요되었습니다. 주

현재

인장의 동생 신대섭 님이 목재 고르는 것부터 책장이 완성되기까지 모든 작업을 맡아주었습니다. 책방 양쪽의 책장 작업이 끝나고 9층짜리 원형 책장 작업에 들어갔습니다. 원형 책장은 일자형 책장보다 작업 시간, 자르고 다듬는 과정이 훨씬 어려웠습니다.

책장이 완성되고 나서 서울고등학교 도서관(리모델링 후 필요 없어진)으로부터 원형 테이블을 기증받았습니다.

연

비닐하우스로 된 읽지마 책방의 천장은 쇠파이프가 그대로 보여 조금 삭막해 보입니다. 삭막함을 가리기 위해 가장 따뜻한 소재인 한지로 된 콘텐츠 연을 달게 되었습니다. 연을 생각하게 된 것은 해품달의 읽지마 책방에서 좋은 연을 맺길 바라는 마음에 연을 달게 되었습니다.

연은 벽화 화가이신 이재도 선생님이 만들어 주셨고 문장은 주인석 작가가 기획한 것입니다.

밤 12시가 가까운 시간에도 작업은 계속되었고 30여 개의 연을 달면서 몸은 피곤했지만 즐거웠습니다. 안주인은 동영상을 찍고 주인장은 높은 사다리에 올라 연을 달았습니다.

마지막 연에는 연 작업에 참여하신 분들의 사인을 담았습니다. 가장 먼저 사인한 주인석 작가가 가장 억울해한 이유는 갈수록 사인이 길어졌는데 가장 짧은 사인을 했기 때문입니다. 연을 달고 사인으로 마무리하면서 40평이 넘는 책방에 책보다 더 많은 웃음소리를 남겼습니다.

보름달문 & 반달문

읽지마 책방으로 통하는 문은 2일이 걸려 완성되었습니다.

먼저 철재형 틀에 방부목을 붙이고 양쪽으로 갈라지는 편백문을 만들었습니다. 문을 닫으면 보름달 형상이 나오고 열면 반달 형상이 되도록 하여 책방 안으로 들어가면서부터 초승달 구역임을 알립니다.

돌기차

읽지마 책방 옆에는 의자 크기의 돌이 많이 쌓여있었습니다. 나무 그늘이 좋은 곳이라서 독서 공간으로 기획했습니다.

미니 포클레인 뽀빠가 들어와서 돌을 굴리고 뒤집어 반듯한 면을 찾았습니다.

흩어졌던 돌을 하나씩 반듯하게 놓으니 정말 기분이 좋습니다. 그냥 두면 돌이지만 자리를 잡으면 무엇이라도 될 수 있습니다. 바닥은 걷기 좋도록 보도블록을 깔았습니다.

주변에 있는 잡초도 뽑고 꽃도 심었습니다. 가장 납작한 돌을 찾아 테이블도 만들었습니다. 기차처럼 보입니다. 바로 앞에는 책수레도 보입니다. 이 작업을 위해서 하루를 소요했습니다.

'남(여)아수독 오거서' 책수레

해품달에서 눈에 많이 띄었던 것 중에 하나가 낡은 수레입니다. 자전거 수레, 경운기 수레, 보트 운반차, 손수레. 시멘트 운반수레 등 다섯 개를 골라 보수하고 갈색으로 칠한 다음 연결하였습니다.

이 세상에 태어나 멋지게 살려면 다섯 수레의 책은 읽어야 한다는 기획을 사실적이고 재미있게 기획하기 위해서 수레를 모은 것입니다. 모습을 갖춘 수레에 책을 실었습니다. 수레의 옆면에는 달이 커가는 모습을 그렸습니다.

초승달, 상현달, 보름날입니다.

책넝쿨

책넝쿨 작업은 다른 작업에 비해서 어려웠습니다. 책에 구멍을 뚫는 작업이 가장 어려웠고 쇠파이프에 책을 끼워 넝쿨이 되도록 세우는 작업도 보통 일이 아니었습니다. 작업을 위해 목공 루터를 구입했고 책 먼지를 뒤집어쓰며 며칠간 작업을 했습니다.

가장 생생한 날 것 그대로 책이 자라 넝쿨이 되는 모습을 보여주고 싶었습니다.

현재

작가의 방

8년 전 해살이마을 어느 댁에서 곤충을 키우는 돔이 있었는데 그것을 고물로 판다는 소리를 듣고 집을 사 오게 되었습니다. 애버랜드처럼 새를 키우고 싶었지만 조류독감이 유행하던 때라 그냥 방치하게 되었습니다.

강을 바라보는 곳이라 사색하기 좋겠다는 작가의 말에 그 집을 보수하여 작가의 방으로 이름 붙이게 되었습니다.

옛 모습

호두막

12년 전 단독 펜션(현 흥부놀부방)을 구입하면서 컨테이너가 놓인 작은 땅까지 구입하게 되었는데 사고 보니 맹지였습니다.

지금 생각하면 꼭 나쁜 일은 아닌 것 같습니다. 왜냐하면, 지금까지 창고로 사용하였고 스토리텔링 작업을 하면서 호랑이가 사는 오두막이라고 '호두막'이라는 이름까지 얻었으니까요. 낡아서 부숴버릴 계획이었는데 색칠을 하고 지붕을 얹고 보수를 하니 아담하고 예쁜 집이 되었습니다.

호랑이 그림까지 그리고 나니 정말 개구쟁이 호랑이가 살 것만 같습니다.

무지개, 은하수계단

달빛 정원에서 강변으로 가는 길이 놀이터 옆에 한 곳밖에 없어서 두 개의 계단을 설치하게 되었습니다. 마치 하늘로 올라가는 느낌이 든다고 하여 무지개, 은하수라는 이름을 붙였습니다. 계단 작업을 위해 안주인 오빠가 용접을 하느라 며칠 고생하셨습니다.

별자리 캠핑장과 강변 작업

별자리 캠핑장

해품달에서 소나무가 가장 많은 곳입니다. 소나무 숲에서 텐트를 치고 캠핑을 즐길 수 있도록 데크를 깔아 두었습니다. 양옆은 소나무로 둘러싸였고 앞으로는 강물이 흐르고 하늘에는 별이 총총 빛납니다.

스틸 작품

캠핑장 옆에 비어있는 잔디밭이 있습니다. 이곳에 버리기에는 아깝고 쓰기에는 낡은 스틸 제품을 모두 모았습니다. 버리

면 고물상으로 갈 것들이지만, 잘 닦으면 작품이 될 수 있을 것 같았습니다. 숯불 구이판, 철재 사다리, 고기 훈제 용품과 같은 것들을 모아 콩기름칠을 했습니다.

고구마 굽는 기린과 꿀벌은 강릉원주대 학생 작품입니다. 6년 전 전시회에 가서 산 것입니다. 세월이 흐르니 낡고 보기 싫어졌습니다. 깨끗이 씻고 닦아 콩기름칠을 하는데 하루가 걸려 작품의 모습이 되살아났습니다.

강변

80m 강둑에 해바라기를 심기 위해 이틀 동안 제초작업을 했습니다. 100포기의 해바라기를 심는데 하루가 걸렸습니다. 양귀비는 4년 전부터 씨앗을 얻어서 뿌리기 시작했더니 매년 조금씩 올라와 올해는 150평 정도 군락을 이루었습니다.

아침 햇살 받는 양귀비

양귀비

초승달 연못과 족욕장 작업

옛 모습

초승달 연못

기존에는 1.5m×3m의 하트형 돌이 있는 연못이었습니다. 금붕어 100마리, 잉어 3마리가 살았습니다. 그런데 해품달 스토리텔링 기획에 따라 기존 연못을 고쳐서 초승달형으로 바꾸어 만들었습니다. 그런데 방향이 반대로 되어 있어서 다시 반대편으로 돌리는 2차 작업을 했습니다. 포클레인이 하트형 돌을 반대쪽으로 돌리는 작업을 하면서 잉어와 금붕어가 익사하였습니다. 모두 안타까워했지만, 생각도 못 한 일이었기에 어쩔 수 없이 받아들여야 했습니다.

연못의 형태를 만들고 돌담을 쌓기까지 3일이 걸렸습니다.

현재

족욕장 작업

수영장에서 연못까지 30m입니다. 이는 배수로 역할을 하는 족욕장입니다. 바닥 50cm 폭에 두께 10cm의 무근 콘크리트로 타설 작업을 하는데 하루가 걸렸습니다. 높이 50cm 양옆을 돌담으로 쌓았습니다. 돌과 돌 사이에 시멘트를 채워 1차 완성하기까지 3일이 걸렸습니다. 돌로 마무리하려고 했으나 시멘트가 갈라지고 부서지는 바람에 방부목으로 의자를 만들어 아이들이 다치지 않게 하는데 또 2일이 걸렸습니다. 죽도록 작업했지만, 작가님께는 인사를 듣지 못해 속상했던 곳입니다. 작가님이 마지막엔 꽃과 풀을 그려 넣어 조금이라도 자연친화적으로 보이게 마무리했습니다.

초코·파이 집과 문패

해품달 넓은 집에 초코와 파이가 집은 있으나 땅이 없어서 이리저리 옮겨 다니며 설움을 받았습니다. 공사가 끝나고 예쁘고 시원한 나무 그늘 밑에 자리를 잡았습니다.

"주인장님, 초코파이 한 통 사 오세요."

"어디에 쓰려고요?" "애들 문패 달아줘야지요."

마트에 간 주인장은 초코파이를 사 오면서도 고개를 갸웃거렸습니다. 초코파이를 개집 위에 붙이라는 말인가? 박장대소할 일입니다. 초코파이는 먹고 초코파이 그림만 오려 코팅하고 초코와 파이 집 위에 붙이니 근사한 문패가 되었습니다.

유럽식 화덕 바비큐장 작업

옛 모습

6년 전에 두 명의 친구가 추운 겨울날에 펜션으로 놀러 왔습니다. 그즈음 시에서 도로포장 공사를 마치고 걷어낸 보도블록을 얻을 기회가 생겨 친구들의 도움을 받았습니다.

유럽의 포럼 광장을 생각하고 있었는데 그런 형태를 만들어 보고 싶었습니다. 불구덩이를 만들고 벽돌을 원형으로 배치하여 완성했습니다.

그런데 스토리텔링 기획하러 오신 작가님이 동서로 뚫려있어야 할 집에 화덕 바비큐장이 중간을 막고 있다며 자리를 이동해야 된다고 해서 다시 안으로 당겨 작업을 하게 되었습니다.

작업이 끝나고 테이블 8개를 각도에 맞게 원형 배치를 하여

현재

보름달 형상을 만들었습니다. 노란색 파라솔을 꽂고 불판 중심으로 돌려 앉도록 했습니다.

테이블은 기존 것을 수리하고 제작하여 오일스테인 작업을 했는데 일주일이 걸렸습니다.

큰 돌·작은 돌

옛 모습

현재

이예슬 • 이성현 돔 작업

도와주신 분들

책 타는 마을 해품달의 초석이 되어주신 분들

주인석 : 해품달 스토리텔링 기획 작가

신명섭 : 해품달 주인장

이미숙 : 해품달 안주인

신대섭 · 김선옥 : 해품달 주인장 동생 부부, 인테리어 전반을 맡아주신 '밈 인테리어' 대표

신봉호 · 이해경 : 돔 페인트

신명조 : 잔디 운반

이상호 : 용접 전반

이경균 : 글씨

이재도 : 그림

옥경 어머니 : 돌담, 펜션의 미화

예슬 · 성현 : 돔과 의자 페인트, 책트리 작업

곽기절 : 뜨락 매실나무 작업

전경남, 이미옥, 박용정, 김재휘 : 책 작업과 잔디심기

김남희, 임지현, 강상윤 : 책 작업

이석준 부부 : 돌 작업

이정민 · 신이수 : 그네, 꼬마막 페인트

이인혜 · 양현모 : 놀이터 해체 작업

심영순 : 수국꽃길 작업

권오연 : 잔디 작업 및 책 작업

이상도 · 정미경 : 도서물품 기증

그 외 전정희, 김인숙, 서경연, 김우찬, 조보현, 김윤아 엄마 아빠, 성현이 아빠, 신이수, 강리온 엄마 아빠, 이용각, 이경애, 강하준 엄마 님 도와주셨습니다.

작업 일지

2020년

7월 16일 주인석 작가와 만남, 자가용으로 마을 투어를 함.
비가 많이 옴

7월 23~26일 주인석 작가와 만남, 경주 달동네 견학

8월 3일 폐차장에서 버스 2대 구입, 아이스크림 차 한 대 구입

9월 8일 주인석 작가와 채약 선생님께서 해품달 답사

9일 야외도서관 철거

12일 카페, 식당 장판 작업

13일 비닐하우스(현재 버스 위치) 25m 철거 및 물건 정리, 야외도서관 철거 완료

15일 매실나무 제거

16일 식당 싱크대 설치, 비닐하우스 철거 완료

18일 하늘방 입구 책 이동 및 정리

20일 반달 구역 정리

22일 카페 앞 콘크리트 타설

23일 북위드 모임(카페)-주인석 작가 참여

24일 주인석 작가 대구 출발(1차 완료)

29일 버스 1 잔디밭으로 이동, 소방차 반달 구역으로 이동

30일 대형 포클레인 2대 작업-버스 위치 및 정리

10월 1일 주인석 작가와 만남(예슬, 성현 방문), 사기막 송이 및 능이 구입

2일 대형 포클레인 4일간 작업-버스 위치 및 이동

4일 해품달 입구~풍경그네(동서로 뚫기) 작업

7일 뜨락 잔디 식재 1차(800장)

9일 스쿨버스 이동, 초승달 연못 작업, 주인석 작가와 마찰-석고대죄 심정으로 사과

10일 달빛공원 잔디 식재 2차(2,200장)

13일 목공, 전기, 시상수도 작업

16일 전체 공사 1차 점검(예정일 보다 느려서 작가님 화남)

19일 버스 목공 작업 시작

10월 20일 무지개, 식당 도색 작업

21일 아스팔트 공사 (입구~펜션 끝)

22일 주차 라인 작업, 주인석 작가와 설전 끝에 항복

24일 버스 목공 작업 완료, 주인석 작가의 얼굴에 실망 가득함

25일 전기- 뜨락, 버스 1, 2, 3 연결 작업, 1차 도색 완료 (신대섭)

27일 주인석 작가 대구행 (2차 완료), 이웃과의 전체 경

계측량

29일 버스 내부 목공 재작업(신대섭)

11월 2일 인테리어 자재 반입(책장,버스 위주)

15일 해품달 부부 대구 주인석 작가 집 방문

16일 김광석 거리 견학

17일 마비정 벽화마을 견학, 주인석 작가와 강릉행 동행(3차)

13일 버스 내외부 작업 완료

18일 이웃과의 돌담장 설치로 충돌-보완

21일 작가의 방 새시 작업

24일 족욕장 작업

25일 돌담길 돌담 쌓기

12월 1일 뜨락 트리 작업 완료, 주인석 작가 딸이 데리러 옴(3차 완료)

13일 9층 책트리, 족욕장 작업, 눈 내림

22일 원주 MBC 지도의 뒷면 촬영(오픈 전, 책 타는 마을 최초 방송)

2021년

1월 7일 버스 마무리 작업 (바닥 히팅 및 마루 깔기), 강추위 일부 휴무

1월 15일 화덕 피자돔 구입

2월 9일 집안 정리 및 학교도서관 정리, 카페 작업

3월 7일 집안 정리 및 보완

3월 29일 잔디 식재 3차 800장

4월 21일 주인석 작가 해품달 도착, 원고 작업 집중, 그림(이재도 선생님), 정리 체크

4월 22일 펜션 내부 작업(도배, 마루, 인테리어)

4월 29일 주인석 작가 대구행(4차 완료)

5월 7일 작가의 방 완성, 해품달 입구 간판 완료

9일 호두막 완료

11일 책넝쿨 작업, 초코파이 집 완성

15일 입구 간판 및 펜션 방, 도서관, 미술관 전반 간판 완료

17일 스토리텔링 완료(전체 점검), 출판 원고 발송

부록

펜션 스토리텔링에 관한 질문들

Q&A

Q 펜션에도 스토리텔링이 가능한가요?

A 가능합니다. 콘텐츠를 만들어낼 이야기가 있거나 이미 존재하는 콘텐츠에 이야기를 찾아내거나 창작할 수 있는 곳이라면 스토리텔링 할 수 있습니다. 이야기와 콘텐츠가 진정성 있고, 체험할 수 있는 프로그램과 이벤트나 축제와 같은 마케팅까지 할 수 있는 곳이라면 스토리텔링을 하기에 아주 적합하다고 생각합니다.

펜션은 개인의 이야기를 간직하고 있고, 이미 가지고 있는 각각의 콘텐츠들이 있기 때문에 스토리를 작업할 수 있는 소재 면에서는 더 유리할 수도 있습니다. 그러나 그것들에 대하여 생각해 보지 않았기 때문에 펜션은 단지 숙박만 하는 곳으로 인식되어 있고, 그런 요인으로 인해 스토리텔링이 어렵다고 생각할 수도 있겠지요.

스토리텔링은 인간의 삶이 미치는 모든 곳에 가능합니다. 그런데 펜션은 인간의 삶 중에서도 가장 중요하다고 생각하는 의식주 중에서 두 가지나 제공하는 곳이니 참으로 다양한 인간의 이야기를 담고 있을 것입니다. 이해하기 쉽게 정리하면 스토리텔링의 노른자는 인간의 이야기이고, 계란 프라이는 펜션이라는 콘텐츠이며 요리사는 펜션 홍보 마케터가 될 것입니다.

앞으로 펜션이 숙박업을 넘어 하나의 문화 콘텐츠로 작동하기 위해서 스토리텔링은 꼭 필요한 흐름이라고 봅니다. 저는 이렇게 말하고 싶습니다. "스토리텔링이 된 펜션은 체험의 문학이요, 생각이 읽히는 설치 미술이며, 누구나 참여 가능한 오케스트라이다"라고 말입니다.

Q 많은 곳들 중에 펜션을 작업하게 되었나요?

A 한마디로 '느낌'이라고 하죠. 저는 어떤 곳을 작업하든 그 장소에서 느끼는 첫 번째 감정을 제일 중요하게 생각합니다. 처음 보는 어떤 장소에서 단번에 마음이 훅 하고 뺏긴다면 그곳은 자신 있습니다. 스토리텔링을 잘할 수 있습니다. 마음을 뺏은 것이 배경, 사물, 사람 그 외의 어떤 것일 수 있습니다. 제가 해품달 펜션에 처음 왔을 때, 제 마음을 단번에, 왕창 빼앗아 간 것은 도와줄 방법이 없어서 손을 놓고 방치된 듯한 '헌책'이었습니다. 그때 제 눈에는 책 이외에는

아무것도 보이지 않았습니다.

후에 작업을 하면서 해품달 펜션에는 책보다 훨씬 더 많은 물건이 저를 기다리고 있었다는 사실입니다. 그럼에도 그날 제 눈에는 헌책만 태산처럼 보였습니다. 마치 전쟁 통에 난민이 되어 떠도는 수많은 아이들의 꾀죄죄한 모습이랄까요. 목동을 잃고 웅크린 채 모여 있는 양들의 모습이랄까요. 돌보지 않은 정원에 잡초와 함께 우후죽순 자라는 화초들이랄까요. 하여간 순수하고 어여쁜 모습과 가련한 모습이 겹쳐 보였어요.

이 순수한 사물의 영혼을 구해주기 위해 저보다 먼저 손을 댄 사람이 있었지요. 바로 해품달 펜션 신명섭 대표입니다. 그런데 그는 시작의 열정과는 달리 도무지 어찌해야 할 바를 몰라 손을 놓고 있는 것처럼 보였어요. 그즈음 저를 만나게 된 것 같습니다. 저는 전사처럼 스토리텔링을 시작하게 되었습니다.

혼자서 책에 빠져 다른 것은 보이지 않았던 것이 바로 펜션 스토리텔링의 출발입니다. 좋은 장소나 물건이 아무리 많아도 이처럼 빠지지 않는다면 스토리텔링은 어렵습니다. 사람을 사랑하는 일도 이와 같을 것입니다. 이 세상에 반은 여자이고 반은 남자이지만, 우리가 사랑에 빠질 때는 꼭 '그 사람'이어야만 하는 것과 같은 것이지요. 펜션이라서 안 되고, 되고의 문제가 아니라 그곳의 어떤 것에 빠져버리느냐 아니냐가 스토리텔링의 성패를 좌우한다고 생각합니다. 그동안 공공 스토리텔링만 하다가 왜 하필 개인의 펜션이냐고 묻는다면 그곳에 내 마음을 뺏은 책이 있었기 때문이라고 멋쩍게 말할 수 있습니다.

Q 펜션에 스토리텔링을 하기 위해서는 어떤 조건이 필요한가요?

A 특별히 갖추어야 할 물리적 조건은 없습니다. 그러나 펜션에 척추가 될 이야기는 분명히 있어야 합니다. 예를 들면 해품달 펜션은 헌책을 수만 권 모으게 된 이야기와 자식처럼 책을 좋아하게 된 주인의 이야기가 있고, 젊은 나이에 서울을 떠나 지방으로 내려와 펜션을 하게 된 주인 부부의 이야기가 있습니다. 다시 말하면 스토리텔링을 위해서는 물리적 조건보다는 정신적 조건이 더 선행되어야 한다는 말입니다.

펜션마다 가지고 있는 자신들만의 고유한 이야기가 바로 스토리텔링의 초석이 될 것이고, 이 초석을 바탕으로 콘텐츠는 유지, 수정, 보완, 리모델링, 재생, 창작, 건축에까지 취사선택할 수 있습니다. 그러므로 펜션 스토리텔링에 있어서 뿐만 아니라 어떤 스토리텔링이든 그 초석은 누구나 귀히 여기거나 수상히 여기거나 혹하고 빠질만한 그들의 고유한 이야기입니다.

누군가에게 관심을 가지기 시작했다는 것은 사랑에 빠질 징조입니다. 스토리텔링도 이와 같습니다. 미지의 사람들이 어떤 펜션에 관심을 가진다면 그 펜션은 분명 사랑에 빠질 만한 요인이 있다는 뜻입니다. 누군가의 관심을 받기까지 그는 긴 시간 동안 이미 무엇에 수년간 미쳐있었을 것입니다. 어떤 곳이든 스토리텔링을 하고자 한다면 스스로 미쳤던 어떤 것이 있는지 살펴보는 것이 조건이라 하겠습니다. 미쳐버리게 하는 그것에는 분명히 생생한 이야기가 존재할 것이니까요.

Q **펜션과 같은 작은 방이라는 공간에도 스토리텔링이 가능한지? 가능하다면 어떤 부분에 가장 신경을 써야 하는지요? 또 도심 속 모텔도 스토리텔링이 가능할까요? 분량은 어느 정도일까요?**

A 해품달 펜션은 '해를 품은 달'이라는 뜻이 있지만 '아내를 품어주는 남편'이라는 사랑을 상징하는 펜션입니다. 그래서 펜션 방 하나하나에도 예쁜 이야기들이 있습니다.

스토리텔링은 공간의 크기에 있지 않고 공간의 추억에 있습니다. 사람 이야기가 스토리를 더 풍부하게 해줍니다. 좋은 건축 자재로 잘 지은 건물의 매력도 좋지만, 그 공간만이 가지고 있는 이야기는 누구도 흉내 낼 수 없는 자산이죠. 그 공간에 있는 의자 하나에도 이야기가 있으니까요. 그 공간에 있는 물건 중에서 이야기를 담고 있는 것에 가장 신경을 써야겠지요. 그 물건은 새것이든 오래된 것이든 상관이 없습니다. 중요한 것은 그 물건만이 가지고 있는 추억입니다.

물론 모텔도 가능합니다. 모텔을 꼭 불온한 사랑의 장소로

만 보이지 않도록 하기 위해 좀 더 인문학적으로 바꿀 필요가 있습니다. 숙박의 장소로 모텔을 피해 호텔이나 펜션을 더 선호하는 이유는 무엇이겠습니까? 모텔보다는 호텔이나 펜션이 추억을 남길 수 있는 공간과 이야기가 더 많습니다.

요즘 카페만큼 시설이 잘된 모텔은 젊은이들이 데이트 장소로도 많이 활용합니다. 어떤 곳이든 다른 곳과 차별화시킨 무엇이 있으면 사람들은 찾기 마련입니다.

이야기 하나의 분량은 서너 줄로도 충분하지만, 책자를 발행할 때는 좀 더 길면 좋을 것 같습니다. 이야기의 분량보다는 이야기의 뼈대가 중요합니다.

어떤 스토리텔링이든 줄거리로 전달할 수 있어야 합니다. 이야기가 너무 장황하거나 설명이 많다면 설명서 내지는 정보전달 홍보지가 될 수 있으니까요. 스토리텔링의 스토리는 간단하면서 감정을 건드릴 수 있어야 하며, 콘텐츠는 재미있어야 하고, 홍보는 정직해야 합니다.

한마디로 스토리텔링은 시작도 끝도 '진정성'입니다.

Q 스토리만으로 스토리텔링 할 수 있나요?

A 스토리를 스토리텔링이라 할 수는 없지만, 스토리가 있다면 콘텐츠를 만들어낼 수 있고, 알릴 수 있으니 스토리텔링을 할 수 있지요. 요즘 스토리텔링이란 말이 너무 무분별하게 쓰이고 있다 보니 정의 또한 각양각색입니다. 그렇지만 저는 스토리텔링에 대한 정의를 명확하게 하고 있습니다.

스토리텔링이란, 그곳만의 고유한 이야기, 그 이야기에 맞는 콘텐츠, 이것을 알릴 마케팅까지를 포함합니다. 스토리를 스토리텔링이라고 할 수 없듯이 어떤 콘텐츠만을 두고 스토리텔링이라고 할 수 없다는 뜻입니다.

스토리와 콘텐츠와 마케팅까지 삼박자가 맞아야 제대로 된 스토리텔링이라 할 수 있습니다.

Q 가족, 연인, 친구, 동료. 기타 단체 사람들이 이용하는데 이용객의 범위는 스토리텔링에서 배제해도 되나요?

A 어떤 사람들이 이용하느냐에 따라 스토리텔링의 방향성이 달라지기 때문에 이용객의 범위를 배제해서는 안 됩니다. 펜션의 경우, 사업주가 어떤 성향을 띠고 있는지, 야외 공간과 방의 특성은 어떤지, 어떤 이용객이 오길 바라는지에 따라서 스토리와 콘텐츠, 마케팅이 달라지겠지요.

공간이 협소하다면 한 가지 주제로 특정 이용객을 위한 스토리텔링도 좋겠지만, 대체로 펜션은 야외 공간이 넓은 곳이 많기 때문에 여러 이용객을 위한 스토리텔링을 하는 것도 좋다고 봅니다.

펜션에서는 체험할 수 있는 공간을 다양하게 나누어 즐길 수 있기 때문에 획일적인 공간에서 잠시 머물다가 떠나는 모텔이나 호텔의 숙박보다 좋은 조건이라 생각합니다.

Q 스토리텔링을 통해 이용객을 특정할 수 있나요? 예를 들면 가족펜션, 연인펜션, 문인펜션, 친구펜션도 가능한가요?

A 가능합니다. 이렇게 이용객을 특정하기 위해서는 스토리도 좋아야 하지만, 무엇보다 콘텐츠가 좋아야 합니다. 가족펜션으로 스토리텔링 된 곳이라면 가족이 즐길 수 있는 체험 콘텐츠가 있어야 하고 연인펜션 스토리텔링이라면 달콤한 스토리와 그에 맞는 콘텐츠가 있어야겠지요. 하나의 테마를 가지고 스토리텔링을 한다는 것은 굉장한 장점이 될 수 있지요.

그런 의미에서 해품달 펜션은 '책'이라는 테마에 자동차를 접목시켰고, 넓은 잔디밭과 놀이터, 사철 물이 흐르는 강과 뗏목의 조화로 독특한 체험 콘텐츠를 더해 감성을 자극하는 스토리텔링 펜션으로 거듭났습니다. 가족, 연인, 키즈, 문인 등 책을 좋아하는 모든 층의 숙박 고객 및 일일 체험 고객까지 흡수할 수 있을 것이라 기대됩니다.

Q 펜션이라는 공간이 주로 바닷가나 숲속 같은 곳인데 스토리텔링을 구상할 때 주변 환경은 어떤 영향을 미치나요?

A 주변 환경은 스토리보다는 콘텐츠에 더 영향을 미치겠지요. 스토리는 주인과 펜션에 깃든 이야기이겠지만, 콘텐츠는 주변 환경에 따라 더 풍성해질 수도 있고 그렇지 않을 수도 있습니다. 자연 친화적인 환경이라면 스토리텔링의 방향도 그런 쪽으로 진행되겠지요. 주변 환경은 콘텐츠에 영향을 미치기 때문에 스토리를 창작할 때 염두해야 할 부분입니다.

해품달 펜션의 경우는 '해를 품은 달'의 형상으로 콘텐츠를 기획해야 했기 때문에 넓은 잔디밭을 활용하여 초승달, 반달, 보름달로 영역을 나누었고, 펜션은 해, 피톤치드 가득한 소나무 숲은 별이 잘 보이는 곳이라서 '별자리 캠핑장'으로 기획했지요. 이처럼 주변 환경이 스토리와 콘텐츠에 좋은 영향을 주었기 때문에 스토리텔링이 더 완벽할 수 있었습니다.

그러나 주변 환경이 좋아야 스토리텔링이 잘 되는 것은 아닙니다. 공간이 어떠하든 스토리텔링을 잘하고 못하는 것은 작가의 역량이지 공간은 문제가 되지 않는다고 봅니다. 어떤 스토리텔링이든 그 장소와 소통할 수 있는 마음가짐이 중요하고 그 장소에 살 사람과 충분한 대화를 통해 방향성을 잡고 시작하는 것이 중요하다고 생각합니다.

Q 펜션을 스토리텔링 할 때는 전문가의 손을 거쳐야 하나요?

A 꼭 그렇지는 않습니다. 그것은 개인의 취향이기도 하고요. 작은 공간, 작은 물건일 경우는 애정을 가지고 스스로 스토리텔링을 할 수 있고 자부심도 가질 수 있습니다. 다만 스토리텔링에 관한 정확한 공부는 필요하겠지요. 그런데 실제로 해 보면 쉽지 않다는 것도 알게 될 것입니다. 스토리텔링만 그런 것이 아니라 세상의 모든 부분이 그렇다고 보시면 될 것 같네요. 이것이 전문가가 있는 이유이겠지요.

전문가라는 것은 명함이나 실력에 앞서 진정성과 진실성을 가진 사람이라고 생각합니다. 어떤 일이든 주어진 일에 대해서 '수처작주(隨處作主)'의 정신이 있는 사람이라면 믿고 맡겨도 된다고요. 스토리텔링이 좀 미흡하게 보이더라도 자기 일인 양 최선을 다하는 모습을 보여준다면 그 사람은 전문가 소리를 들어도 된다고 봐요.

명함만 거창하게 파서 들고 다니면서 중간브로커 역할만 하는 사람도 있고, 명함만 내밀고 짜깁기를 하거나 정보를 베껴 놓고 스토리텔링이라고 우기는 사람도 있고, 작업 과정이 불명확하거나 충분하지 않은 상태에서 소통 없이 독단적으로 처리하는 경우도 있으니까요.

충분한 설명회와 간담회를 통해 의견을 주고받은 다음, 일을 성실히 하는 사람이라면 그런 사람은 전문가입니다. 그런 전문가에게는 상담해도 좋고 일을 맡겨도 될 성싶습니다.

Q 펜션 스토리텔링을 통해 그곳의 상품을 만들어 낼 수 있나요?

A 펜션만의 고유한 상품은 펜션의 품위를 한층 더 높여 줄 것입니다. 어디에나 있는 것을 흉내내기보다는 그곳에만 있는 특별한 것이면 더 좋을 것입니다.

해품달 펜션의 스토리텔링 책자 같은 것도 상품에 속하겠네요. 그래서 그 펜션만이 가지고 있는 무엇이 있으면 좋습니다.

들꽃을 키우면서 '꽃차'를 상품으로 판매하는 곳도 있고, 염색을 취미로 하는 펜션에서는 염색 옷을 상품으로 하는 곳도 있습니다.

해품달의 장점 중의 하나는 '피자'입니다.

epilogue

에필로그

스토리텔링 작가를 우리 부부에게 보내주신 것은 신의 축복입니다. 스토리텔링을 무사히 마치게 해주신 작가님께 감사드립니다. 그리고 사랑하는 아내에게도 고맙다는 인사를 드립니다. 아내도 저에게 감사하다고 말합니다. 결말이 이렇게 좋고 서로 행복한 인사를 나누며 가슴 벅찰 줄은 생각지도 못했습니다.

2021년, 우리 부부에게는 커다란 삶의 변화가 생겼습니다. 20대 후반부터 건축설계를 하면서 도서대여점을 병행한 것이 인연이 되었는지 3년 전부터 영국의 헌책방 마을 헤이온와이의 리처드 부스처럼 우리 마을도 그런 마을을 만들고 싶어졌습니다. 그래서 책을 모으기 시작했습니다.

집안 곳곳에 책들이 넘치면서 아내와 갈등이 자주 생겼습니다. 사소한 갈등은 있었지만, 아내가 많이 양보해 주었습니다. 그랬기 때문에 저는 아내를 더 사랑했고 더 미안했습니다. 제가 좋아하는 일이라면 무엇이든 이해해 주려고 애쓰는 아내에게 언젠가는 큰 선물을 하고 싶었는데 2020년 봄에 기회가 왔습니다.

스토리텔링이라는 용어가 생소했지만, 작가님의 강의를 들으며 감을 잡았습니다. 그냥 하룻밤 자고 가도록 돕는 펜션이 아니라 좋은 사람들과 공유하는 펜션 이야기가 있는 펜션을 만들기 위해서 스토리텔링이 꼭 필요하다는 생각이 들었습니다. 그런 마음으로 시작되어 오늘의 "책 타는 마을 해품달"이 탄생했습니다.

우리 해품달에 그렇게 많은 이야기가 숨어있을지 상상도 못했습니다. 우리 부부의 입에서 나간 말이 작가님의 귀만 스치면 스토리가 되었고 그 소재는 모두 콘텐츠로 변했습니다. 마치 알라딘의 요술램프를 들인 것 같은 기분으로 우리의 이야기를 책으로 출간하게 되었습니다.

이제는 스토리텔링이라는 말이 이론이 아니라 실천의 행위가 되었습니다. 좋은 것은 사람들과 공유할수록 가치가 높아지고 그것이 사회에 환원하는 길이라는 것을 작업을 통해 배웠습니다. 이제 나를 넘고, 우리를 넘어 모두라는 말을 쓸 수 있게 되었습니다. 아내는 빨간 머리 앤처럼 초록집 지킴이가 되었고, 저는 어린 왕자처럼 아름다운 관계 맺기를 실천하겠습니다.

이제 우리 부부에게는 해품달에 존재하는 모든 것이 의미가 되었습니다. 의미를 부여해 주신 주인석 작가님께 다시 감사드립니다. 미운 정 고운 정 다 들고 보니 든든한 동반자가 되었습니다. 이제는 책임이라는 말을 내려놓고, 가족이라는 말로 함께 하고 싶습니다.

그동안 해품달 스토리텔링 작업을 위해 모든 인테리어에 애써 준 사랑하는 동생, 대섭이에게 정말 고맙다는 말을 하고 싶습니다. 도와주신 모든 분들께 가슴에 가득 담아 감사의 마음을 전합니다. 마지막으로 우리 부부가 하고 싶은 말이 있습니다.

"책 타는 마을은 누구든 오셔서 즐기는 사람의 것입니다. 해품달은 사람을 생각한, 사람을 위한, 사람에 관한 이야기가 있는 펜션이고 이야기를 만들어가는 펜션입니다"

2021 봄날 해품달 대표 신명섭·이미숙